Brushing up your English by
American Elementary School Textbooks

アメリカの小学校教科書で英語を学ぶ

アメリカの小学生と同じテキストで
愉しみながら英語を学ぶ

小坂貴志＋小坂洋子 著

は　じ　め　に

　アメリカの小学校では連邦・州政府による規制をあまり受けません。そのため統一教科書のようなものは実は存在せず、出版社や教師、各学区が創意工夫をこらして自由な雰囲気の教材を提供しています。そう書くと、この本は存在しないことになってしまいそうですが、教科書に相当するプリント、ワークブックの類はとても豊富で、今ではさまざまなウェブサイトからダウンロードすることさえできます。「自由の国、アメリカ」。その息吹が教育にも浸透している証拠でしょう。

　英字新聞・雑誌が中学生レベルの英語で書かれていることから推測すると、英語の平均的なレベルは小学校中学年から高学年が使用する程度のものになります。たしかに英語圏の生活を通じて感じたのは、英語とはさほどむずかしく話したり書いたりする必要がない言葉であるということです。むしろ英語はいかに相手にわかりやすく伝わるかが問題になってきます。そして日本人の英語学習者に欠けているスキルは、いかに相手にわかりやすく説明するか、という点なのです。

　相手にとってわかりやすい英語をモノにするには、まず小学校レベルの英語に立ち返る必要があります。というのも、小学校の英語は、複雑な概念を理解できない小学生にもわかるように書かれているからです。小学校にまで戻って考えるからこそ、本来の英語の特性である、わかりやすさに触れることができるのです。小学校で使われる英語は、ともすると遊んでしまいがちな小学生の気をも引くことができるような生き生きとした英語です。英語が生きているのです。

　みなさんにそんな活きのいい英語をお届けしたい。そのような理念のもと、本書の企画がはじまりました。そして完成した本書には、英語本来の特徴である、わかりやすさが満載の英文が豊富に揃っています。

　ここで、本書の構成についていくつかご説明しておきましょう。

①学科別に見ると、理科と社会がたくさんあります。日本人の英語学習者にとって、より興味深く、英語学習に有効な内容が多く含まれているからです。②長文は高学年向けの内容から多めに掲載しています。この程度のレベルの英文をたくさん読み、たくさん聴けば英語能力向上に効果抜群です。③短文やクイズ形式のものは、おもしろく勉強していただけるよう、低学年〜中学年の教材を主に扱っています。イラストが問題の一部になっているものもありますので、楽しんで解答してください。クイズ感覚で問題を解く。これが語学学習には欠かせません。タスクを使った学習法です。④日本の小学校では扱わない内容にも手を広げています。アメリカではより実用的なカリキュラムが重要視されるためです。スピーチ、創作ライティングはその典型でしょう。⑤小学生の息子やその友達による作品も掲載しました。教科書だけではない小学生の英語にも触れてください⑥実際の授業を見学させていただき、トランスクリプトにまとめたものもあります。(モントレー・ベイ・チャータースクールのジェフリーズ先生、参考になりました)。⑦一風変わった学校、チャータースクールでの教育経験を垣間見ていただきます。まさにこれからの言語（英語）教育の先駆けとなる予感がします。キーワードは「エコロジー」です。⑧そして、アメリカ生活12年の我が家の経験をご紹介しています。

　母親・父親そして教師として、またアメリカで生まれアメリカの学校に通う小学生としての体験を、かみしめるようにしながらまとめました。最後になりましたが、企画から編集までいろいろとお世話になりましたベレ出版の新谷友佳子さんに一言お礼を申し上げたいと思います。ありがとうございます。

　中学校とは違って、幅広い学年が集まっている小学校。時として、レベルの違いに戸惑うことがあるかもしれませんが、どうか頭の体操と思って気軽にチャレンジしてください。読みながら問題を解いていくうちに、いつの間にか英語力向上につながっていた。そんな風にお役に立てることを願っています。

著　者

目次 CONTENTS

はじめに

序章

1) アメリカの小学校について ………………………………… 10
①連邦、州、自治区、学区　②公立、私立　③チャータースクール、ホームスクーリング　④学年　⑤学年度　⑥長期休暇　⑦教師　⑧PTA

2) アメリカの小学校の教科について ………………………… 18
①英語　②算数　③社会　④理科　⑤体育　⑥音楽　⑦外国語　⑧コンピュータ　⑨フィールド・トリップ　⑩特別クラス

3) アメリカの小学校の1年 …………………………………… 24
①新学年度のはじまり　②学年度の終わり　③国民の祭日、祝日

4) アメリカの小学校の1日 …………………………………… 26
①送り迎え　②実録 3rd grade 哲平のある1日

Part 1　社会　Social Studies

① アメリカ人とは？（What is an American?）……………34
② 忠誠宣誓（Pledge of Allegiance）………………………40
③ 国歌（National Anthem）…………………………………42
④ 米国政府（The U.S. Government）………………………44
⑤ 貨幣と経済（Money and the Economy）…………………50
⑥ 貧困（Poverty）……………………………………………58
⑦ ネイティブ・アメリカンのコスチュームを作ろう
　（Make a Native American Costume）……………………65
⑧ 世界の宗教（World Religions）…………………………69
⑨ 交通安全（Traffic Safety）………………………………76
⑩ マヤ文明（The Mayans）…………………………………82
⑪ 自由（Freedom）……………………………………………91
⑫ 歴史小説プロジェクト（Historical Fiction Book Project）……… 103
⑬ 国立公園制度（The National Park System）…………… 107
⑭ 南アメリカ（South America）…………………………… 116
⑮ 地図と地球儀（Atlases and Globes）…………………… 119

Part 2　理科　Science

① 車と環境（Cars and the Environment）………………… 126
② 宇宙を見る（A Look into Space）……………………… 133
③ 科学豆知識（Science Trivia）…………………………… 140
④ 天体（Planet）…………………………………………… 143
⑤ 固体と流体（Solids and Liquids）……………………… 149

⑥ 原子（Atoms） ……………………………………… 151
⑦ 夢（Dreams） ……………………………………… 153
⑧ 体のしくみ（Anatomy） …………………………… 160
⑨ 遺伝学（Genetics） ………………………………… 173
⑩ 近代科学技術（Modern Technology） …………… 181
⑪ 再生可能エネルギー（Renewable Energy） ……… 188

Part 3 ● 算数　Mathematics

① 式を作る（Expression） …………………………… 198
② 文章問題を解く（Problem Solving） ……………… 200
③ 足し算と掛け算を結びつける
　（Connect Addition and Multiplication） ………… 203
④ 2と5の掛け算（Multiply with 2 and 5） ………… 205
⑤ 複数ステップある掛け算（Multistep Problems） … 208
⑥ 割り算の意味（The Meaning of Division） ……… 210
⑦ 概算と正確な計算（Estimate or Exact Answer） … 212
⑧ 10の位の四捨五入（Round to the Nearest Ten） … 214
⑨ 図形の問題（Figure） ……………………………… 215
⑩ 小数点（Decimal Point） …………………………… 218
⑪ 時間の問題（Elapsed Time） ……………………… 219
⑫ 暗算（Mental Math） ……………………………… 220

Part 4 ● 国語　Language

① アメリカの言葉（Language in the U.S.） ……………………… 224
② 類似する言葉（Analogies） ……………………………………… 232
③ 単語のスペル（Spelling Words） ……………………………… 236
④ 短縮形（Contraction） …………………………………………… 238
⑤ 単文（Simple Sentences） ……………………………………… 239
⑥ 主語と動詞の呼応（Subject-Verb Agreement） ……………… 241
⑦ スピーチ（Speech） ……………………………………………… 243
⑧ 手紙を書く（Letter Writing） ………………………………… 245
⑨ 家系図（Family Tree） ………………………………………… 247
⑩ ストーリーを作る（Story Writing） ………………………… 250

Part 5 ● その他　Other Subjects

① 体育（Physical Education） …………………………………… 254
② 音楽（Music） …………………………………………………… 257
③ ハロウィーン（Halloween） …………………………………… 259
④ 子供の遊び（Kids Play） ……………………………………… 262
⑤ 手紙（Letters） ………………………………………………… 268
⑥ 給食のメニュー（Lunch Menu） ……………………………… 272
⑦ PTA（Parents and Teachers Association） ………………… 276

付録：アメリカの小学校で教えてみて ……………………………………… 284

序章

1 アメリカの小学校について

①連邦、州、自治区、学区（School District）

　広大な国、アメリカ。日本の国土全体が、カリフォルニア州にすっぽりうまってしまいます。東海岸から西海岸へ（From coast to coast）渡るには、飛行機で５〜６時間、車なら１週間はかかります。このような国土に国民がばらばらに住んでいるのですから、国単位で動くのは相当な努力を要します。そのため、アメリカは州単位で物事を考え、行動することが慣例になっています。

　学校教育がその一例で、小学校教育はその最たるものです。連邦政府（Federal Government）が一応のガイドラインを示すものの、実際の内容は州政府（state government）に任せるので、州は独自の方針を打ち出す必要があります。

　州をさらに分割したものが自治区（county です。country ではありません）となり、学校を基準に考えると学区（school district）が重要な役割を果たすようになります。学区ごとに学区長（superintendent）を採用し、学区の方針と実施を取り仕切っています。

　ここまで説明すると、学区によっていかに内容が異なってくるかがおわかりいただけるでしょう。この学区では、予算の関係で音楽、芸術関係の授業を減らしたとか、別の学区では、何をしなければいけないといったように、日本の画一性とは比較にならないレベルで、さまざまな対応策がとられています。とにかくアメリカの小学校はいろいろなレベルで、いろいろなことをしている学校が少なくない、という事実を念頭においてください。

　それでは、アメリカの小学校をいくつかに分類してみましょう。

②公立（Public）、私立（Private）

　もっともオーソドックスなのが、「公立」と「私立」の区分です。前者が国民の税金でまかなわれているのに対し、後者は授業料、助成金、寄付金で成り

立っています。

　アメリカ国内では、一部の地域に限って、公立学校のイメージが悪く言われています。ただ、これは一部の地域に限定されることで、国内全体にそれが言えるわけではありません。

　誰でも授業料を払わずに行ける学校、というのが公立です。さまざまな教育レベルの児童が集まるのは目に見えています。ただ、学校の母体であるコミュニティがしっかりしていれば、自然と学校のレベルはあがってきます。それは公立だろうと私立だろうと同じことが言えるのです。

　日本には国立（national）の学校がありますが、アメリカでは連邦政府による学校はありません。これは幼稚園から大学院を通じて同じです。ただし、陸軍、空軍生が勉強する大学、大学院、語学学校は存在するので、それが日本の国立学校（日本も法人化してしまいましたが）にあたるでしょう。

　そのほか、日本にない学校で、最近増えてきたものを2つご紹介しましょう。

③チャータースクール（Charter school）、ホームスクーリング（Home schooling）

　公立でも私立でもない学校を指しています。あえて日本語にすると、前者は「憲章学校」、後者は「家庭内学校」となります。

　いずれも「親が権限を持った学校」と言えます。チャータースクールでは、学校の運営にも積極的に親が関与します。なかには、先生だか親だかわからないような人物もいます。家庭での延長線上に学校教育が位置づけられるよう努力するのです。チャータースクールの実例は、284ページの付録をご覧ください。

　ホームスクーリングは、そもそも学校に馴染めない生徒に対する家庭での教育にはじまり、最近ではそれを積極的に教育として認めようとする動きが、チャータースクールをはじめ、出てきたものです。宿題でわからないことがあると、お母さん、お父さんが、手伝ってあげますよね。これが発展して、学校と同じように、家庭内で子供を教育するやり方です。

ただ、よほど忍耐強くないと、ホームスクーリングはうまくいきません。耐え切れなくなって、子供を叱って勉強させようとするか、子供が怠けて勉強しなくなるのがオチです。しっかりした教育を受け、先生としての経験豊富な人でさえ、自分の子供に教えるのは、他人の子供を教えるよりもむずかしいと言われています。

　教育にも自由を。アメリカ国家の思想が見事、教育にまで反映された例ではないでしょうか。

④学年（Grade）

　K-12を「ケイ・トゥー・トゥエルブ」と読みます。KはKindergarten（幼稚園）の頭文字をとったもの、12は12年生のことを指します。「えっ！12年生って何？」と驚きの声をあげる人が大半でしょう。そんな方は次の図をご覧ください。

Pre-school	保育園	
Kindergarten	幼稚園	
Elementary school（小学校）5年間		
1 ⇨	1st grade	1年生
2 ⇨	2nd grade	2年生
3 ⇨	3rd grade	3年生
4 ⇨	4th grade	4年生
5 ⇨	5th grade	5年生
Junior high (middle) school（中学校）4年間		
6 ⇨	6th grade	6年生
7 ⇨	7th grade	7年生
8 ⇨	8th grade	8年生
9 ⇨	9th grade	9年生

High school（高校）3年間
10 ⇨ 10th grade　10年生
11 ⇨ 11th grade　11年生
12 ⇨ 12th grade　12年生

　日本の教育制度との大きな違いは、中学校の4年教育にあります。アメリカの早熟社会が影響するのか、中学の4年間が問題の多い時期だと言われています。そのためにも、早めに異なる環境に入れ、別の観点から教育しようとする努力の表れなのでしょう。

⑤学年度（School year）

　新年度のはじまりは9月です。長い夏休みが終わってからでないと新学年度は迎えられない。そんなメッセージの表れでしょうか。それとも、暑い夏が終わり、どちらかというと、日本の4月のような気候がやってくるのが9月だからでしょうか。新学年度の開始と季節の移り変わりが連動しているのは、日本の例を見るまでもありません。

　日本は桜の季節が新年度のはじまりです。最近では、9月入学を許可する大学が若干見受けられますが、本格的に広まるには手間と時間がかかるでしょう。国内の需要だけを考えたら、本格的に広まるまでには至らないことが予想されます。

　国民全体の意識の中に、クリスマス休暇は重要な位置づけにあります。家族全員が集うその休暇は、ちょうど日本のお盆休みに似ています。正月休みともとれますが、意識の中で「やはり帰らねば…」となるのは、お盆休みが近いでしょう。

　クリスマス休暇が重要な位置を占めるのは、百貨店をはじめ小売業界の戦略もありますが、やはり休みを重視する国民性だと思います。「ホリデーシーズン」といえば、クリスマス休暇あたり、つまり12月24日以降を指すものと思われるでしょうが、それは大勘違いで、実は10月末にやってくるハロウィー

ンあたりから、すでにホリデーシーズンに入っていると、人のあいさつ "Happy holidays!" から読み取れることがあります。ちょうどこれは、まだ週の半ばの水曜日なのに、別れのあいさつで "Have a nice weekend!" と言ってしまう感覚に似ています。「そう言ってしまうのは、時期尚早では？」という私の思いをよそに、闊歩して去っていく友人の姿が今でもこの眼に焼きついています。

⑥長期休暇（Vacation）

　日本ではすでに見直し期に入っている「ゆとり教育」ですが、その先端はやはり欧米、なかでもアメリカの学年度が参考になっています。アメリカでは、極端ではないかと思われるほど夏休みが長くなっています。

　これも州によって異なり、一概に言えませんが、カリフォルニア州ですと6月中旬から8月下旬まで、コロラド州にいる知人によると、コロラド州の夏休みは5月下旬から8月下旬までだそうです。なんと3ヵ月間も夏休みが続くのです。では、その休みの間、子供たちは一体何をしているのでしょうか。

　家計との相談になりますが、裕福な家庭では、家族揃って海外旅行となります。アウトドア好きの家庭なら、長期キャンプともなるでしょう。キャンピングカーを買えば、それが夢ではなくなります。キャンピングカーとは言わずとも、SUV（Sports Utility Vehicle）なら、山道もなんのその。奥さんは仕事があるので、父親だけで子供をキャンプに連れていくことだってあります。

　そのほか、スポーツキャンプがあって、テニス、水泳、サッカーができたり、基本的に遊びを中心とした昼間のキャンプがたくさん用意されていたりします。大勢集まらないとできないせいか、それともシーズンオフだからか、小学生の野球やフットボールのキャンプ（この場合はトレーニング）は夏にはあまり見かけませんでした。

⑦教師（Teacher）

　州によって教員資格試験（credential exam）が異なってきます。カリフォルニア州で合格したからといって、隣のネバダ州で教員になれるかというとそうではありません。ネバダ州で教員になりたいのなら、ネバダ州のcredential examに合格する必要があります。だから、教師はめったに引越しができませんね。

　また、「褒める」教育がよく知られている方法の1つですが、実際は、教員によってまちまちです。人柄とも大きく関係してくるからです。アメリカにも厳しい先生はいます。冗談ばっかり言って生徒を笑わせている先生もいます。そして、「褒める」教育の王道を行くような、褒め方のうまい先生もいます。

　ただ1つ共通して言えるのは、生徒に自信を持たせようとする姿勢です。生徒の自尊心を傷つけ、自信をなくさせるような言動は努めて避けます。

　日本の社会は、けなすことで自己反省を促し、それを通して自分なりに学ぼうとする姿勢を持つ生徒をよい生徒とみなす傾向があります。褒めすぎるのもどうかと思いますが、時代に合った教育方針が採用されるべきだと思っています。

⑧ PTA（Parents & Teachers Association）

　親は積極的に学校行事に参加し、学校を盛り立てていこうとします。その最たるものが、日本にもあるPTAです。このあたりは日本的発想と異なる点はありません。本書では、PTA関係の資料も掲載していますので（276ページ）、ご興味のある方はぜひお読みください。

　あえて日本との違いを指摘すると、授業へも積極的に参加しようとする傾向がアメリカの親には見受けられます。先生も親の参加を期待している様子がありますし、先生への支援が高まれば、授業の効率・効果も向上することは間違いありません。日本の場合ですと、PTAはあくまで授業外の活動ですが、アメリカの教室は、さらに外部に対して開かれている印象があります。

> **ブレーク①** 「2日遅れの、ピカピカの1年生」

　いきなり我が家の例で申し訳ありませんが、息子が小学校へ通いはじめる際のトラブルをご紹介しましょう。当時、カリフォルニア州の、とある幼稚園に通わせていましたが、小学校はやはり公立へ行かせようと決め、応募書類を数ヵ月前に提出していました。

　何か新しいことをする際、慣れるまでに時間がかかるので、母親が毎日のように息子に9月からは新しい学校に行くことを言い聞かせていました。暇を見つけては、学校までの道のりを散歩し、それを夏休みの間中、続けたのです。アメリカの夏休みは6月中旬から8月下旬までなので、いかに長い間、息子の学校準備に費やしたかおわかりいただけるでしょう。

　息子も新しい小学校への心の準備が整い、これで用意万端、リラックスした気持ちで明日を迎えようとしていた夕食時のこと、一本の電話がかかってきました。「●×の学区長ですが、息子さんのことでお話があります」とのこと。電話に出た私は黙って続きを聞いていました。学区長の話はこうでした。隣町の小学校が閉鎖された影響で、わが校への児童数が急激に増加した。そのため、学区は一緒だが、別の小学校へ通わせてほしい。ついては、すでに別の小学校での学籍を決め、クラスも割り当ててある。明日の初日は、そちらの学校に通わせるように、ということです。

　これには、妻も私も呆れ果ててしまいました。別の学校は、歩いて行くには遠くなります。夏休み中かけて準備をしたのに、近所の友達も多く通っている学校に我が子は行けず、なぜ遠い学校へ通わせねばならないのか。憤慨の気持ちを知人にぶつけてみると、とりあえず、しばらくは子供を休ませてはどうかという助言をもらいました。学区長の言いなりになって、明日別の小学校に通わせたが最後、そちらの学校に永遠に決まってしまいます。そこでそれをさせまいと、翌日の朝一番で校長に直接会って話をすることに決めました。

　翌日は、テレビ局が取材に来ているほどの混乱ぶりです。多くの家庭で、学区長から突然の電話をもらい、学校側は対応がとれずにいます。それでも、時

間を見つけて校長に会って話をすると、数日間、時間がほしいという返事でした。妻も私もできるだけ冷静沈着に振舞おうと努力したのが相手に伝わったのか、「今朝お話した中で、あなた方が一番落ち着いていらっしゃいました」と言われました。

　その2日後、校長先生から直接電話をもらい、息子さんは希望の小学校に入れるので、明日から登校させてください、というありがたい話がありました。こうして「ピカピカの1年生」は2日遅れで無事入学することになったのです。

2 アメリカの小学校の教科について

　いろいろなレベルにある生徒を、どのように効果的に教育していくかが学校側の課題でしょう。生徒を平均的に教育していこうとする考え方が日本の学校に根強く残っているのに対し、アメリカでは、できる子にはできるなりにふさわしい進度を考えてあげる工夫が見受けられます。伸びる可能性を秘めた生徒をほかの生徒の進度に合わせるのではなく、別のクラスにまとめ、そちらはどんどん先に進むようにしてあげます。日本だと高校にいかないと、このような学級はできないでしょう。そのほか、教科ごとに考え方の違いが色濃く表れるので、ここでは個別に考えていきましょう。

①**英語（Language）**
　日本の「国語」に相当するものです。スペル、語彙、文法、読解、作文、スピーチ、リスニングと総合的に学習していきます。アメリカに特徴的な内容として、スピーチ（speech）と呼ばれる補習クラスがあります。どもり、舌足らずな話し方を直すため、スピーチ教師（speech pathologist）が生徒のスピーチ矯正をおこないます。日本人の耳からすると何の問題もないような生徒がスピーチに通っているのを聞き、やはり専門家の見る眼（耳）は違うなと思わされます。

②**算数（Mathematics）**
　暗算がもっとも苦手なアメリカ人です。例外はいますが、平均的なアメリカ人は暗算することがやっかいと思うらしいのです。買い物をしてお釣りを渡すやり方も一種独特です。コンピュータによるレジのおかげでその苦労も少なくなってきましたが、それでも日本人のそろばんで鍛えた暗算力には及ばないのではないでしょうか。そのあたりは自負してもいいと思います。

そのせいか、算数にとても力を入れているような印象を受けます。毎日のように、「百マス計算」のようなワークシートを消化します。それ以外にも、自分で考えさせようとする傾向もあり、想像力を働かせる余地を作る努力が垣間見られます。

③社会（Social Studies）

国の歴史が短いため、近代に集中した教育がおこなわれます。この点は、長い歴史をもつ国と比べて断然有利ですね。2000年間続いてきた国と、まだ200年強しか経っていない国とでは、雲泥の差があります。

特に力を入れるのは建国の歴史です。建国の父やそれ以降に国を支えてきた大統領に関しては、公的な面だけでなく、私的な面についても学ぼうとする余裕があります。エピソードを通じて個人を全般的に理解させようとする姿勢でしょう。

④理科（Science）

化学、物理、生物、天体について全般的に学びます。その中でも、特に強い関心を向けているのは宇宙科学でしょう。前世紀において月面着陸やスペースシャトルの打ち上げに見られる成果をあげたアメリカがここに表れています。

概念的な説明に終始するのではなく、実験から何かを学び取らせようとする考え方が授業に取り入れられています。

⑤体育（Physical Education）

日本に比べ、立ち遅れているのが体育の授業ではないでしょうか。鉄棒、跳び箱、マット運動といった機械運動からはじまり、サッカー、バレーボール、バスケットボールというチームスポーツに至るまで幅広くおこなわれる日本に軍配があがりそうです。

基本的に、子供が全員で楽しんで遊ぶ姿勢を養うことへ体育の主目標が掲げられているようです。日本の子供が休み時間に遊ぶような遊びを通じてチーム

ワークを養っています。

　なぜこのようになっているのかというと、学校以外でのスポーツ活動が豊富で盛んだからだと思います。春は野球、夏はサッカー、冬はバスケットというように、シーズンが変わるごとに競技が変わるスポーツ活動がコミュニティ単位でおこなわれます。週1〜3回の練習に加え、毎週末に試合があります。スポーツ好きの子供なら、小学校を通じて野球、サッカー、バスケット、水泳のすべてに参加するようになります（上級生になると、これにアメリカンフットボールが加わります）。

　日本のように、野球をはじめたら野球人生が、サッカーだったらサッカー人生が続くわけではないので、気軽にはじめられ、成長の途中で本人の向き不向きを知ることができる、とても優れた制度だと思います。

⑥音楽（Music）

　歌を唄うことが基本です。学校によっては、吹奏楽をやったりもしますが、そこは教員の技量によって変わってきます。以前いたカリフォルニア州の学校では、中学校にジャズバンドがありました。ジャズバンドを組んで練習させるだけの技量をもった先生がいたからです。

　音楽の点でも若干遅れ気味な場合には、親が気づかって、楽器の練習をさせます。息子の友達は小学校2年生くらいから、バイオリンの練習をはじめました。

⑦外国語（Foreign Languages）

　学校によって異なってきます。公立の学校で外国語が必修になっているのはあまり見られません。一方、私立では、早いうちから外国語が採用されている場合もあります。

　アメリカで外国語といえば、やはりスペイン語です。メキシコからの移民の増加は社会的な問題となっていて、カリフォルニア州では、メキシコ人がすでに人口の半分を超え、マイノリティ（minority）からマジョリティ（majority）

へと立場を変えています。

　特殊なケースでは、小学校でも日本語を教える学校があります。これについては、著者の経験を後述することにします。

⑧コンピュータ（Computer）

　さすがはIT王国です。コンピュータ教育については、早期から積極的に取り入れてきました。ただし、従来の科目の中にコンピュータを導入するのではなく、別個の独立した科目としてコンピュータの使用法を学ばせるケースが多くなっています。

　コンピュータ教室もありますが、教室ごとにコンピュータが1台置いてあって、限られた時間だけその使用が認められるような約束が、教員と生徒の間で決めてあります。

　コンピュータ（というよりはワープロ）の弊害をみなさんも経験したことがあるでしょう。「最近、ワープロを使いすぎて、漢字が書けなくなった」という感想を聞いたことがあります。

　まさに、これと同じ現象が英語圏でも起こっています。英語をいっしょうけんめい勉強している人にとっては、驚くべき意見を聞いたことがあります。「将来どうせワープロで字を書くようになるのだから、たとえスペルを間違っても、直す必要はない」というのです。これは私たちの友人の考えなので、同じような考え方をする親が少なからずいるはずです。実際、大人のアメリカ人は、手書きで字を書かせると、外国人の私たちには到底読めそうもない字を書く人がいます。また、全般的にスペルは苦手です。となると、子供にもスペルを教えられないことになりますので、子供だって正確にスペルできなくなるわけです。

　日本語の感覚では、漢字の書き方というよりは、書き順に近いものだと思います。一部の人達を除いて、漢字は書けるようになってほしいけれど、書き順まではさほど固執しない方もいらっしゃるのではないでしょうか。

⑨フィールド・トリップ（Field Trip）

　日本の「遠足」に相当するものです。遠足といえば、英語では excursion を習ったはずです。でも、実際の学校生活を通して、この言葉を一度も聞いたことがありませんでした。「あっ、これって遠足だね」というケースでは、いつも field trip だったのです。

　図書館に行ったり、水族館へ行ったり、はたまたバスで County fair（そのときは、Animal fair に近いものでした）に行くこともありました。高学年になると、Science camp と称して、数日間泊まりがけで出かける、日本の修学旅行に相当する旅行もあります。

　以上が通常のクラスです。これ以外にも、学力選抜で選ばれた児童だけが参加できるクラスを用意する学校もあります。

⑩特別クラス（Special Education）

　学区や州によって異なってきますが、統一テストを実施するところがあります。カリフォルニア州ですと、STAR TEST と呼んでいます。これは3日ほどかけて、知能テストに似た問題を解かせ、学力レベルを測ります。

　この学力テストで、ある一定の基準を満たした生徒は、Gate program と呼ばれる特別クラスに参加する資格を得ます。対象となった生徒には、クラスの概要が書かれた一覧が配布され、自分の好きなクラスをとることができます。

　週1回、放課後に集まり、場合によっては学年をまたいで同じ内容の授業を受けます。アメリカを出る前、息子が参加していたのは「新聞をつくるクラス」でした。そのクラスでは、4年生と5年生が一緒になって、ニュースとは何か、どのようにニュース記事を書くかといった内容で、先生と生徒が自由な雰囲気の中、授業が進んでいました。

これまで見てきたとおり、小学校教育は州の裁量に任せられるところが多くなっています。そのため、連邦政府からの規制を受けることはあまりありません。教育面での州の独立性は日本の都道府県の比ではありません。連邦政府の政策により、州独自の教育方針が設定でき、それによって州独自の教育が施せます。

　それでは、実際の学校はどのような雰囲気になっているのでしょうか。学校の1年、1日を簡単にご紹介しましょう。

3 アメリカの小学校の1年

①新学年度のはじまり

　新学年度のはじまりは9月です。12月のクリスマス休暇直前まで学校は続きます。そして、クリスマス休暇があって新年を迎えるのです。秋学期の途中で秋休み（fall break）が1週間ほど入ります。それを利用してリフレッシュです。

　日本とアメリカの決定的な違いは新年の迎え方にあります。日本では、お正月を3箇日とも寝正月で過ごす人も少なくありません。つまり、お正月はまだ休暇なのです。

　一方、アメリカの場合ですと、新年の休暇は元旦（New Year's Day）のみ。2日以降は平日で、学校は2日からはじまってしまいます。アメリカで12年ばかり生活していましたが、どうもこのあたりの感覚には最後まで馴染めませんでした。

②学年度の終わり

　新年を迎えるとすぐさま新学期がはじまります。1月2日からはじまることも珍しくありませんので、春休みが必要となります。学校によってまちまちですが、3月中旬に、秋休み同様、1週間程度続きます。

　春休みの後は、夏休みがもうすぐです。これまた州によって異なってきますが、早いところですと5月の中旬、遅くても6月中旬には夏休みに突入です。それから、8月下旬まで長い長い夏休みを過ごすのです。

③国民の祭日、祝日

　学校生活と切っても切り離せない関係にあるのは、国民の祭日、祝日でしょう。歴史を知るという目的もあります。主要な休みをあげてみました。

Martin Luther King Day
黒人の権利を主張したキング牧師の誕生日を祝う日です。

Presidents' Day
歴代大統領の功績を称えます。

Easter
多産を祝う日です。うさぎが多産であることから、うさぎがキャラクターになっています。当日は、さまざまに色を塗ったゆで卵を庭先に隠し、宝探しをします。

Labor Day
労働者に感謝する日です。

Veterans Day
退役軍人を称えます。

Halloween
子供が主役の日です。思い思いの仮装をして、"Trick or treat." と言って、おかし（キャンディー）をもらい歩きます。

Thanksgiving Day
さまざまなことに対して感謝の意を表す日です。七面鳥（turkey）を焼いた料理を家族で食べます。

Christmas
言わずと知れたクリスマスです。プレゼント交換、クリスマスツリーに飾りつけをして、サンタがくるのを待ちます。

New Year's Day
新年のはじまりを祝います。若者が街を闊歩し、カウントダウンとともに花火を楽しみます。

4 アメリカの小学校の1日

①送り迎え

　家族の誰かが必ず学校まで送り迎えをします。決まりでは、小学校3年生までは必ず付き添うことになっていました。ただ、このあたりは家庭の事情で、状況はさまざまです。

　学校の近くに住んでいれば、友達を誘いあって子供同士で行くのを見かけることがありました。学校からすごく近い場合でも、両親のどちらかが付き添って一緒に登校する場合もあります。送り迎えは両親の責任、とみなすようです。

　歩くことを危険だと考える人もいます。地域によっては、歩道の幅が狭いからです。そうでなくても、車で送る人が大半です。送る時間帯は、車で学校の周りが騒然とします。車で送るからこそ危なくなるようにも思えます。通勤途中に送る場合もありますので、それは仕方ないことでしょう。

②実録 3rd grade 哲平のある1日

　午前8：45に始業のベルが鳴ります。外で遊んでいた子供たちがクラスごとに列を作り担任の先生を待ちます。クラスルームから出てきたそれぞれの担任は受け持ちのクラスの子供たちを先導し、自分の教室へ連れて行きます。これが1日のはじまりです。

　日本の学校では、始業前に生徒は学校に着くとそれぞれのクラスに入り、ランドセルを置いて外へ飛び出していきますが、息子の通っていたカリフォルニア州の公立小学校では8：45 a.m. 以前は教室内に入れません。教室のドアには鍵が掛かっていて、中で授業の準備をしている先生の邪魔ができないようになっているのです（セキュリティの問題もあり）。

　生徒はバックパック（それぞれ好きな形、色のリュックサックを持っていき

ます）を教室の外に備えてあるフックに掛けて、"遊んでいいゾーン"に集まり好きな遊びをしながら始業のベルを待つのです。この"遊んでいいゾーン"は体育の先生と、日本でいう「学童保育」のスタッフの目が届くところです。

　この時間にはじまり、1日の授業が終わり学校を出て行くまで、学校側は生徒の安全に非常に敏感に対応します。生徒は常に大人の目の届く範囲にいることになります。学校の外から入ってくる人は必ず学校の事務室（学校の正門から一番近くにあり、事務員は座っている位置から学校の敷地に入ってくる人物をチェックできる）へ寄り、何の目的でどこへ行くのか、そしてそれはだいたいどのくらいの時間がかかるのかを記入し、学校の訪問者である証の大きなシールを胸に貼ります。

　さて、8：45 a.m. にブザーがなり、生徒は先生に連れられ、教室へ入っていきました。教室内の机の並べ方はクラスによってまちまちです。息子が1年生の時は4人1グループで班を作り（2つずつの机を向かい合わせにくっつけて）それが教室内に5つありました。

　ときどき席替えをしてグループのメンバーが変わります。2年生の時の先生は前の黒板を囲んでコの字型に全員の机を並べていました。3年生になると、1年生の時の様に4～5人でグループを作り、グループごとに座っていました。日本の学校の教室で見られるように生徒全員が黒板のある前方を見て座る形式は、息子の通っていた学校では経験しませんでした。

　教室に入った生徒たちに、先生はこれからすることを指示します。日によって、また季節によってそれはまちまちで、生徒は先生の指示をよく聞いて朝読む本を取り出したり、サイエンスのプロジェクトで使うことになるプラスチックのカップを用意したりします。ここで、一度聞いただけでは先生の指示を理解できない、または話を聞いていない生徒が必ず何人かいて、先生は2度目の指示を与えます。その時、すでに理解している子供に説明させたりもして、いろいろと大変なようです。

1時間半ほどのサイエンスのプロジェクトが一通り終わると、先生は生徒を教室の隅にあるお話コーナーへ集めます。子供たちが半円になって床に座ると全員が見える位置にあるディレクターズ・チェアに座った先生がサイエンスプロジェクトに関係のある絵本を読んでくれます。この日は Dr. Suess のお話でした。先生が読んでくれるお話を聞くときは、自分の席から離れてみんなで床に座って聞く、というのは1年生の時も、2、3年生になってからもやっていました。友達とくっつきあってお話を聞くのは、とても楽しそうでした。

　10：30 a.m. ごろ、はじめの休み時間に入ります。このとき、教室内にある大きなプラスチックのバケツに移しておいたランチバッグから、スナックを取り出して、子供たちはめいめい食べはじめます。自分の席で食べてもいいし、友達と外のベンチや芝生で食べてもいいことになっています。ただし、ゴミは全部、自分のランチバッグに戻すようにしつけられています。おやつを食べたり、友達と遊んだりの10分ほどの休憩後、お昼ご飯の時間まで、また1つまとまった時間に勉強をします。

　それが済むと、小さい学年からカフェテリア（として使っている "multi room; なんでも部屋"）へ行き、自分で自宅から持ってきたランチか、もしくは "hot lunch（温かい食事）" を2ドル75セント払って食べることになります。カリフォルニアにはメキシコからの季節労働者が数多くいるため、学校給食もそれを反映し、タコス、ブリトーなど、メキシコ料理がよく出ます。それに、アメリカに昔からあるファーストフード、ハンバーガー、ホットドッグ、ピザなどが月曜日から金曜日までメニューに並んでいて、日本人の私は、あまりの油っぽい食事のオンパレードに危機感を覚え、息子にはおにぎりを持たせていました（というより、本人がおにぎりが大好きだったこともあり…）。おにぎりはお昼時の羨望の的だったようで、おにぎり半分とピザ1枚を交換したり、と息子のランチタイムは充実していたようです。

　母親が愛情込めて作ったおにぎりや、ピーナッツバター＆ゼリーサンドイッチ、ホットドッグなどのお弁当を平らげたあと、またもや子供たちは嬉々とし

て「本日のスナック」を食べはじめます。チーズ味やチョコレート味のスナックが人気で、それを友達同士交換したり。メインの食事とスナックは、切っても切れない間柄です。

　お昼ご飯を食べたあとは、午後の授業までひたすら遊ぶ時間。掃除の時間はありません。午後も同じようなペースで授業があって、1～2年生は 14：45 p.m.、3年生以上は 15：10 p.m. に終わります。両親が共働きの家庭は、Day Care センターに子供は直行します。それ以外は、家族と一緒に下校となります。
　掃除は放課後、用務員さんがしてくれます。教室のカーペットに掃除機をかけたり、トイレの掃除をしたりと忙しそうです。

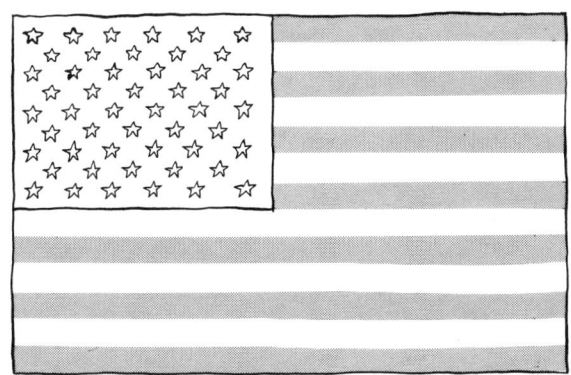

ブレーク② 送り迎え

　子供の安全が第一。朝夕の送り迎えは必須です。私たちが住んでいた海辺の小さな町はアメリカの中では安全な地域でしたが、それでも、子供たちは4年生になるまでは親に送り迎えをしてもらうことになっていました。ほとんどの家庭が車での送迎。我が家は学校から歩いて10分くらいのところにあったので毎朝徒歩通学でしたが。同じ通りに住む息子の友達は車で通っていました。車での通学の理由には、1．車のほうが徒歩より安全ということ、2．両親共に働いているため、子供を送ったその足（車？）でオフィスに向かわなければ間に合わない、ということ、3．子供が2人以上いて、それぞれが違う学校（小学校と中学校など）へ通っている場合、両方への送迎には車で行かなければ間に合わない、4．歩く習慣がないので、何の疑問ももたずに車で移動、の4点が挙げられるように思います。

　我が家も共働きでしたが、お昼近くに授業のはじまる私が朝送り、息子の学校が終わるころには家に戻れる夫が迎えに行くことが多かったです。このように、送り迎えは両親のどちらか都合のいいほうがするので、朝も夕方も父親、母親、はたまたおじいさん、おばあさんなど、いろいろな人たちが送迎を引き受けていました。子供たちは時々学校帰りに友達の家へ行って遊んでくることもあります。そんな時はその友達の親が子供たちを学校まで迎えに行くことになるのですが、それにはもちろん、双方の親の了解がなければいけません。前日の夜までには電話で連絡を取り合って「明日、よろしくね。」「OK!」の会話が交わされます。

　一度、約束をしていない息子の友達Jくんを我が家に連れて帰って、警察官が家まで来てしまったことがありました。Jくんは引っ越してきて間もない家の子で、その子の母親がお迎えの時間に学校へ現れず、1人で教室の前にいたところを息子が見つけ、一緒に帰ってきたのです。家からJくんの母親の携帯電話に連絡して、（本人が出ず、メッセージを残して）居場所を教えたのですが、母親のほうはお迎え時間が過ぎてから学校へ行き、自分の息子がいなかっ

たため、事務室で大騒ぎになり、そこから警察に連絡がいったらしいのでした。Jくんの母親が我が家に迎えに現れた直後、警察官（息子の友達の父親）がやってきましたが、何事もなく一件落着。それにしても、警察と学校の間の連絡が密なのには驚きます。

　余談ですが、アメリカの学校では毎年1回、個人の写真を撮ります。学校指定の写真館から人が来て、1人1人の写真を撮り、それをまとめて1枚のシートにし、クラスの写真として配ります。1年ごとにたくましくなっていく我が子の写真が増えていくのは家族の楽しみではありますが、しかし、この年1回の写真撮影には別の意味もあります。ご存知の通り、アメリカでは子供の誘拐が多く（それゆえ、車での送迎が必要なんですが）牛乳パックの側面などには"Have you seen me?"（私を見かけませんでしたか？）なる尋ね人の広告が出ることがあります。そこには誘拐時の子供の年齢、身体的特徴（身長、体重、髪、目の色など）とともにその子の写真が掲示されます。その写真に使われるのが、日常生活で撮られたスナップ写真ではなく、学校で撮った「公式」写真なのです。そんな緊急時のための写真を撮るという意識はもちろん普段はありませんし、フォーマルな写真を撮るのはアメリカの伝統なのでしょうからいちいち気にはしませんが、ちょっと立ち止まって考えると恐ろしい社会であるとも言えます。ちなみに、このようなブロマイド写真を撮られることに慣れている子供たちはカメラの前でにっこり歯を出すのが上手です。なかには歯を見せれば笑っていることになると勘違いして目がちっとも笑っていない写真もあるのですが…。この歯を見せる、というのがミソで、そのお陰で歯科矯正医は大繁盛。「真っ白い揃った歯」が、アメリカ人のステータスの1つですから。

Part 1
Social Studies
社 会

① アメリカ人とは?

What is an American?

 TRACK…01

(5th grade)

Vocabulary

☐ ethnically	民族的に
☐ was populated by ~	~が人口を占めた
☐ tribe	種族
☐ represent	代表する
☐ Melting Pot	(人種の) るつぼ
☐ were all blended into ~	~に混ざり合った
☐ multicultural	多文化の
☐ multiethnic	多民族の
☐ diversity	多様性
☐ Latino	ラテン人種の
☐ ethnic background	民族的背景
☐ descent	~の出身
☐ advantages	長所
☐ disadvantages	短所
☐ benefit	利点
☐ living shoulder to shoulder	肩を寄せ合って生活する
☐ ancestor	先祖

What is an American?   Social Studies

The following four paragraphs are in the wrong order. Read them and place them in the most logical order.

① But, even within the United States there is much diversity from region to region. For example, many people living in the northeastern part of the U.S. in states like Vermont, New Hampshire and Maine are of European descent. A large portion of the population in the southern states like Alabama and Mississippi is African American. Many people living in states such as Florida and California call themselves Latino and have ethnic backgrounds from Central and South America. The states on the west coast, such as Washington and California have very high percentages of people of Asian descent. In fact one out of every three Asians living in the U.S. resides in California.

② Being such a diverse country has both advantages and disadvantages. Some of the benefits are that most people in the U.S. are used to living shoulder to shoulder with people from ethnic, religious and racial backgrounds different from their own. This has allowed people from many parts of the world to move to the U.S. and easily become part of our society. On the other hand, with citizens from so many diverse backgrounds, it is very difficult to develop a unified national identity and have unified values. This sometimes creates a lot of tension among leaders when deciding what is best for our country.

Which country or countries did your ancestors come from? Did your great-grandparents speak a foreign language? How many different ethnic backgrounds are represented in your classroom? Does your family have any special traditions that are based on your family's ethnic or religious background?

③ The United States is probably one of the most ethnically diverse countries in the world. Up until 400 years ago, the land that now is called the United States was populated almost entirely by Native Americans. However, even way back then, there were hundreds of different Native American tribes and most of them each spoke a different language. When the first Europeans began arriving in the early 1600s, there were slightly more than 1 million Native Americans here. The population of the United States has since grown to over 250 times that size, yet there are still hundreds of languages spoken in the U.S. And, there are more cultures and ethnic backgrounds represented in our country now than there have ever been. For this reason, this country has long been called the Melting Pot. This describes an image that people of many different skin colors, religious beliefs and ethnic and linguistic backgrounds were all blended into one giant pot that we now call the United States.

④ Because of this, it is very difficult to define what "an American" really is. Some Americans are white, others are Latino, some are African American and others are Asian. Some speak fluent American English, while others don't speak English at all. Some are Christian, others are Muslim, quite a few are Jewish, some are Hindi, and yet even others have no religion at all. About the only things that all

Americans have in common are the right to hold a United States passport and the right to vote in this country. We often use words like "multicultural" or "multiethnic" to describe the people of the United States. This means that they represent many cultures and have a large variety of ethnic backgrounds.

Answer ⇨   ⇨   ⇨

訳 アメリカ人とは？

次の4つの段落は順番が違います。正しいと思われる順番に並べ替えてください。

　アメリカ合衆国はおそらく世界で最も多民族を有する国です。400年前までは、現在アメリカ合衆国と呼ばれている土地には、ネイティブ・アメリカンが住んでいるだけでした。しかしその頃ですら、何百というネイティブ・アメリカンの部族が存在し、そのほとんどがそれぞれ異なる言語を話していました。17世紀初頭にヨーロッパ人が初めてやってきた頃、ネイティブ・アメリカンの人口は100万を少し越す程度でした。それ以来、アメリカ合衆国の人口は250倍にもふくれ上がり、使われている言語も数百とあります。現在わが国では、かつてないほど様々な異なる文化や民族的背景が存在しています。そのため、この国は長いこと「人種のるつぼ」と呼ばれてきました。これは、皮膚の色、信仰や宗教、そして民族的また言語的背景が様々に異なる人々が、現在アメリカ合衆国と呼ばれている巨大な人種のるつぼのなかで混ざっているというイメージを表しています。

　ですから、一体何が「アメリカ人」なのかを定義するのはとても困難です。アメリカ人のなかには白人やラテン系、アフリカ系やアジア系の人々がいます。流暢なアメリカ英語を操る人もいれば、まったく英語が話せない人もいます。キリスト教徒、イスラム教徒のほか、ユダヤ教徒も多く存在し、ヒンズー教徒もいれば、なかには宗教を持たない人もいます。実質上、アメリカ人全員に共通であることと言えば、アメリカ合衆国のパスポートを所持する権利および投票する権利くらいなものです。アメリカ合衆国の人々を形容しようとするとき、よく「多文化」「多民族」という言葉を用います。つまり、多数の文化が存在し、民族的背景も多岐にわたることを示しているのです。

　しかし、国内においても地方ごとに多様性が見られます。たとえば、バー

モント州やニューハンプシャー州、メイン州などアメリカ東北部に住んでいる人々は、その多くがヨーロッパ諸国出身です。アラバマ州やミシシッピ州など南部諸州における人口の大多数は、アフリカ系アメリカ人です。フロリダ州やカリフォルニア州などに住む人々の多くが自分たちをラテン系と呼び、中南米の民族的背景を持っています。ワシントン州やカリフォルニア州など西海岸では、アジア諸国出身の人々が大きな割合を占めています。実際、アメリカ合衆国に住むアジア人の3人に1人はカリフォルニア州に居住しています。

　このように多様性を持つ国には、長所と短所がそれぞれあります。長所としては、民族性や宗教、人種的背景が自分たちと異なる人々と隣り合って住むことに慣れている人々が多く存在することが挙げられます。そのため、世界各地の人々がアメリカ合衆国へ移り住み、社会の一部となることが容易になります。しかしその一方で、人々の背景があまりに多くありすぎて、国としてある一つのアイデンティティを形成することが難しく、同じ一つの価値観をもつことも困難になります。そのため、わが国にとって何が最善かを決定する場面において、指導者の間に緊迫した状況が生まれることがあります。

　ご先祖さまはどの国から来ましたか。ひいお祖父さんとひいお祖母さんは外国語を話していましたか。クラスのみんなのなかで、異なる民族的背景がいくつありますか。家では、自分たちの民族的または宗教的背景に基づいた特別な慣習がありますか。

【正解】③→④→①→②

② 忠誠宣誓

Pledge of Allegiance

TRACK…02

1st grade

Vocabulary

☐ pledge	宣誓する
☐ allegiance	忠誠
☐ republic	共和国
☐ indivisible	分割できない
☐ liberty	自由
☐ justice	正義

I pledge allegiance to the flag of the
United States of America
and to the Republic for which it stands,
one Nation under God,
indivisible, with liberty and justice for all.

【訳】

　私はアメリカ合衆国の国旗と、その国旗が象徴する共和国、神のもとで、すべての人々に自由と正義が約束された、分かつことのできないひとつの国に忠誠を誓います。

【解説】

　アメリカの小学生なら、誰でもが暗記しなければならないものです。ぜひ暗記してください。学期の途中に開かれる、両親を招いての学校からの説明会では両親が揃って唱えます。

◉ 問題となった "under God"

　忠誠を誓う言葉の中に under God（神が大文字なので、イエス・キリストを指す）があるのは宗教の自由を保障する憲法に違反するのではないかとして、Pledge of Allegiance を止めるよう、訴えを起こした例があります。もはやキリスト教が国民の大多数が信じる宗教ではない今日、これはもっともな訴えのように思えます。

③ 国歌

National Anthem

TRACK…03

1st grade

Vocabulary

☐ spangle	キラキラ光る
☐ banner	国旗
☐ hail	喚起する
☐ gleam	光る
☐ perilous	危険な
☐ ramparts	城壁、守備
☐ gallantly	勇敢に
☐ stream	光が差し込む
☐ glare	ギラギラ光る

THE STAR-SPANGLED BANNER

Oh, say can you see, by the dawn's early light,
What so proudly we hailed at the twilight's last gleaming?
Whose broad stripes and bright stars, through the perilous fight,
O'er the ramparts we watched, were so gallantly streaming?
And the rockets' red glare, the bombs bursting in air,
Gave proof through the night that our flag was still there.
O say, does that Star-Spangled Banner yet wave
O'er the land of the free and the home of the brave?

【訳】

輝く星条旗

おお見えん　黎明の光に照らされて

誇り高く　たそがれの最後の輝きに　我らが称えしものが

その縞模様と輝く星　危険な戦いを通じて

防御の砦のかなたに我らが見し　その光が勇敢にも差し込むのを

大砲の紅蓮の輝き　空に炸裂する爆弾

そこに　我らの旗が　夜を徹してののち　いまだそこなわれざるを

ああ　星条旗はまだはためいているか

自由の大地　勇者の故郷の上に

【解説】

　メロディーはご存知だと思います。君が代とは異なり、力強い印象を聞く人に与えます。歌詞をぜひ覚えてください。正式な場面では必ず唱和される国歌です。

④ 米国政府
The U.S. Government

TRACK…04

4ʰᵗ grade

Vocabulary

☐ President	大統領
☐ Vice President	副大統領
☐ Cabinet	内閣
☐ Cabinet member	閣僚
☐ Executive branch	行政府
☐ Legislative branch	立法府
☐ Judicial branch	司法府
☐ Secretary of ～	～長官
☐ Secretary of State	国務大臣
☐ Department of Agriculture	農務省
☐ is made up of ～	～から成る
☐ branches	府
☐ has the title of Secretary	（長官）という肩書きがつく
☐ form the Cabinet	内閣を組織作る
☐ laws are obeyed	法が遵守される
☐ provide support to ～	～に支援をおこなう
☐ create laws	立法をおこなう
☐ refers to ～	～を指す
☐ is headed by ～	～によって指揮がとられる
☐ breaks the law	法に違反する

- [ ] ensure 確実にする
- [ ] balance of power 権力の均衡
- [ ] veto a law 法に対して拒否権を発効する
- [ ] is put into effect 施行される
- [ ] on the contrary 一方
- [ ] impeach the President 大統領を弾劾する
- [ ] upholding his responsibilities 責務を履行する

The U.S. Government — Social Studies

The U.S. government is made up of three separate branches. They are the executive branch, the legislative branch and the judicial branch. The executive branch includes the President, the Vice President, and all of the departments, such as the Department of Agriculture and the Department of State. Each department head has the title of Secretary, such as the Secretary of Defense. All of the secretaries together form the Cabinet, whose job it is to advise the President. It is the job of the executive branch to make sure that laws are obeyed. The legislative branch is made up of Congress and other government agencies that provide support to Congress. The U.S. Congress is what we call bicameral, meaning that it has two parts: the House of Representatives and the Senate. It is the legislative branch's job to create laws. Finally, the judicial branch of government refers to the court system and is headed by the Supreme Court. It is their job to decide how laws are interpreted and what happens to somebody who breaks the law.

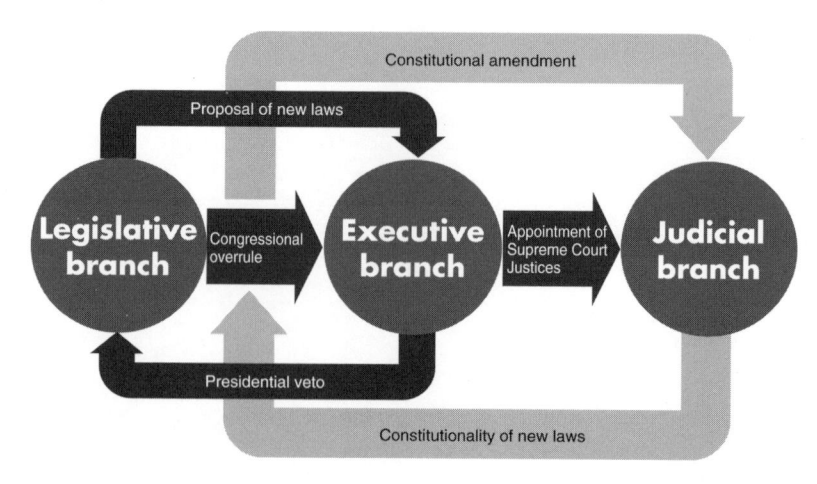

Each branch of government has its own responsibilities to ensure that our country is run smoothly. The founding fathers of our country wanted to create a government where no one person or group of people would have too much power. So they also gave each branch of government the job of making sure that there is a constant balance of power between it and the other two branches. This is called the system of checks and balances. For example, although Congress has the power to make laws, the President has the power to veto a law before it is put into effect. On the contrary, Congress has the power to impeach the President if they feel he is not upholding his responsibilities. In this way, each branch of government has the power to keep the other two branches in check.

[Practice]

The U.S. government is divided into three branches. Match the branches below with its definition.

1. legislative   a. having the power to carry out government decisions and laws
2. executive   b. related to a court of law, a judge, or his/her judgment
3. judicial   c. having the power and duty to make laws

(出典 Longman Dictionary of Contemporary English, Longman, 1980)

訳 米国政府

　アメリカ政府は3つの異なる府から成り立っています。行政府、立法府、司法府と言います。行政府は、大統領、副大統領、農務省や国務省などの各省庁を指します。各省の責任者は、国防長官など「長官」という肩書きを持っています。各長官で大統領にアドバイスをする任務を持つ内閣を構成します。法律がきちんと守られているか確かめるのは、行政府の仕事です。立法府は、議会とそれを助ける役割を果たす政府機関から成り立っています。米国議会は二院制議会と呼ばれ、下院と上院という2つの部分を有しています。法律を作るのは、立法府の仕事です。最後に、政府の司法府とは、最高裁判所を頂点とする法廷制度のことを指します。法律を解釈し、法律を犯した人をどうするか決めるのは、この機関の仕事です。

　3つの府のそれぞれが、独自の責任を持っており、国がうまく機能するよう仕事をしています。アメリカ建国の父たちは、特定の個人や団体のみが突出した権力を持たないような政府を作りたいと考えていました。そこで、他の2機関に対し常に勢力の均衡を図るという任務を政府各機関に与えました。この仕組みを抑制と均衡と呼びます。たとえば、議会には法律を作るという権力がありますが、大統領には、法律が発効される前に拒否権を発動する権力があります。それに対し議会には、大統領がその責務をよく果たしていないと判断できる場合に弾劾する権力があります。このように、政府各機関は他の2機関を抑制する力を持っています。

【演習】

アメリカ政府は 3 つの府に分類できます。次の組み合わせで正しいものを選んでください。

1. 立法　　a. 政府の決定事項や法律を遂行する権力を有する
2. 行政　　b. 裁判、裁判官判決に関係する
3. 司法　　c. 立法の権力と義務を有する

【正解】

　　1. c　　2. a　　3. b

5 貨幣と経済

Money and the Economy

TRACK…05

5th grade

Vocabulary

☐ do well	うまくいく
☐ prices go up	価格が上昇する
☐ antique penny	古いペニー貨幣
☐ shell	貝
☐ historians	歴史家
☐ grain	穀物
☐ distribution	流通
☐ The Federal Reserve Bank	連邦準備銀行
☐ deposit	預金（する）
☐ withdraw	引き出す（n. withdrawal 引き出し）
☐ put new money into circulation	新貨幣を印刷流通させる
☐ interest rate	金利
☐ standardized	標準化された
☐ The Bureau of Printing and Engraving	証券印刷局
☐ in charge of 〜	〜を管理している
☐ paper notes	紙幣
☐ crisp	ぱりぱりの
☐ inflation	インフレ
☐ unemployment	失業
☐ supply and demand	需要と供給
☐ goods and services	モノとサービス
☐ buying power	購買力

Money and the Economy — Social Studies

Why do we need money to buy things? What makes the economy do well or poorly? What makes prices go up and down? These are all questions that can be answered by taking a basic look at how money and the economy work.

If you have ever seen an antique penny from the early 1800's, also called a large cent, you know that money looked very different then compared to how it looks today. Paper money was first printed in the United States in 1862. Different types of coins were used long before that. Many Native Americans had their own system of money that used shells instead of bills and coins. Some historians think that metal objects, similar to coins, were first used as money in China some 3,000 years ago. Before that, people traded anything from cows to chickens to grain to receive goods and services the same way that money is used today. Dollar bills are certainly much more convenient. Could you imagine your mother having to carry chickens in her purse to pay for groceries at the supermarket? Money essentially represents something of value that we own, which we then trade for things that we need or want. The concept of using money or some other item of value to buy things is almost as old as human existence itself.

Today, the creation and distribution of money in the United States is overseen by a part of the government called the Federal Reserve Bank. The Fed, as it is often called for short, is not like a normal bank where people go to deposit and withdraw money. Instead, you can think of it as a central bank, or the government's bank where the United States government can deposit and withdraw money. Some of the responsibilities of the Fed include printing and putting new money into circulation, taking old money out of circulation and setting national interest rates. Before the Fed was created in 1913, no standard form of currency existed in the U.S. In fact, by 1913 there were as many as 30,000 different forms of currency being used in the United States! Now we have just one standardized form of currency. The Bureau of Printing and Engraving is the government agency that is in charge of the actual creation of money. They print about 37 million paper notes every day! The majority of these are in the form of one-dollar bills, which is the most common form of paper currency. The majority of these new bills are sent to banks around the country so that we always have a fresh supply of crisp, new bills in circulation. But, this means that they also have to take this many old bills out of circulation to be destroyed. So it is actually the job of some people to burn old money!

There are many factors that can influence the economy, such as inflation, unemployment, and supply and demand. Inflation is when the cost of goods and services rise. As a result, you can't buy as much with the same amount of money as you could before, so buying power drops when inflation goes up. Unemployment also has an effect on the economy. If there are a lot of people who can't find work, they can't spend money. If people don't spend money, businesses can't sell their products and the economy slows down. This is what supply and demand means. For the economy to run smoothly, not only do businesses have to supply a lot of their products, but people need to want to buy them, which is called demand. Changes in supply and demand affect inflation, and this is what causes prices to go up and down. There are many more factors that can impact the economy and it is the job of the Fed to try to balance all of these in just the right way so that the economy does well. As you can see, this is a very hard job indeed!

[Practice]

1) Based on the text, which of the following was not used as a form of currency in the past?
    a. Rocks
    b. Paper
    c. Metal
    d. Shells

2) Which of the following is not one of the Fed's responsibilities?
    a. Printing new money
    b. Distributing new money
    c. Setting interest rates
    d. Allow people to withdraw money

3) Which of the following is not listed in the text as having an effect on the economy?
    a. Inflation
    b. Deflation
    c. Unemployment
    d. Supply and demand

4) According to the text, what does the Fed try to "balance"?
    a. Employment and unemployment
    b. Supply and demand
    c. Inflation and buying power
    d. All of the above

訳 貨幣と経済

　ものを買うのになぜお金が必要なのでしょうか。経済の状況をよくしたり悪くしたりする原因は何でしょう。物価が上がったり下がったりするのはなぜでしょうか。こうした疑問に答えるには、貨幣と経済がどのように機能しているのか、その基本を見てみればよいのです。

　「ラージセント」と呼ばれている 19 世紀初頭の古銭を見ればわかりますが、当時のお金は現在のものと大変に異なっていました。アメリカ合衆国において最初に紙幣が印刷されたのは、1862 年のことでした。それよりずっと以前から、様々な種類の硬貨が使われていました。ネイティブ・アメリカンの多くが独自の貨幣システムを持っていましたが、紙幣や硬貨の代わりに貝を使っていました。約 3000 年前の中国では、硬貨に似た金属のものが貨幣として用いられていたと考える歴史家もいます。それ以前は、現在は貨幣を用いるところを、牛やニワトリ、穀物などでモノやサービスを買っていました。ドル紙幣はそうしたものよりずっと便利です。お母さんがスーパーに食料品を買いに行くとき、ニワトリをハンドバッグに入れていかなくてはならないなんて、想像できますか。貨幣は私たちが所有しているものの価値に相当しており、それで必要なものや欲しいものと交換するのです。貨幣やそのほか価値のあるものを用いて何かを買うという概念は、人間の登場とほぼ同時にはじまりました。

　現在、貨幣の鋳造および流通は、連邦準備銀行（Federal Reserve Bank）と呼ばれる政府の一機関によって監視されています。名前を省略した形で連銀（Fed）と呼ばれることもありますが、これは一般の人々がお金を預けたり下ろしたりする通常の銀行とは違い、中央銀行もしくは政府の銀行と考えることができます。ここにお金を預けたり下ろしたりできるのは、アメリカ政府なのです。Fed の役割には、新しい貨幣を印刷流通させること、古い貨幣を市場から取り除くこと、国の金利を設定することなどがあります。1913 年に Fed が設立される以前は、アメリカには基準となる通貨がありませんでした。それど

ころか、1913年までの時点において、アメリカではなんと3万種類もの異なる貨幣が使われていたのです。現在では、基準となる通貨が1種類あるのみです。実際に貨幣を鋳造しているのは、証券印刷局（Bureau of Printing and Engraving）という政府機関です。そこでは毎日3700万枚もの紙幣が印刷されています。そのほとんどが、最もよく使われる1ドル紙幣です。大部分は全国各地の銀行へと送られ、いつでも新札が供給できるよう取り置かれます。しかし逆に言えば、たくさんの古い紙幣を流通から引き上げ、処分しなくてはならないということになります。ですから、なかには古い紙幣を燃やすという仕事をしている人もいるのです。

　インフレーションや失業、需要と供給など、経済に影響を及ぼす要因には色々なものがあります。インフレーションとは、モノとサービスの価格が上昇することを指します。その結果、以前ある金額で買えたものが、高くて買えなくなることになり、インフレーションが起こると購買力が下がります。失業も経済に影響を及ぼします。仕事を見つけられない人が大勢いるということは、お金を使えない人が大勢いることになります。みんながお金を使わなくなると、会社は製品を売ることができなくなり、景気が悪くなります。つまりこれが、需要と供給の法則です。経済がスムーズに運営されるためには、会社側が製品をたくさん供給しなくてはならないのみならず、買いたい人がいなければならないのです。これを需要と呼んでいます。需要と供給に変化が起こればインフレーションに影響し、そのせいで物価が上がったり下がったりします。このほかにも、経済に影響を与える要因は多くあり、それらすべてをうまく調節し経済を良好に保つよう試みるのが、Fedの仕事なのです。それがどれほど大変な仕事か、よくわかるのではないでしょうか。

【演習】

1) 本文の中に登場するもので、貨幣として使われなかったものを次の中から選んでください。
   a. 石
   b. 紙
   c. メタル
   d. 貝

2) Fed の役割としてふさわしくないものを次の中から選んでください。
   a. 新紙幣の印刷
   b. 新紙幣の流通
   c. 金利の設定
   d. 預金の引き出し

3) 経済に影響を与えるものとして、本文には登場しないものを次の中から選んでください。
   a. インフレ
   b. デフレ
   c. 失業
   d. 需要と供給

4) Fed が「バランスをとる」とありますが、何と何のバランスをとるのでしょうか。
   a. 雇用と失業
   b. 需要と供給
   c. インフレと購買力
   d. 上記すべて

【正解】

1) a　　2) d　　3) b　　4) d

⑥ 貧困

Poverty

TRACK…06

5th grade

Vocabulary

☐ malnutrition	栄養不足
☐ starvation	飢餓
☐ is far from ~	まったく~でない
☐ resources	資源、財源
☐ obtain	獲得する
☐ life's necessities	生活必需品
☐ rise above poverty	貧困から脱却する
☐ proverb	ことわざ
☐ factors	要因
☐ dry	乾燥した
☐ instability	不安定
☐ ever-widening	一層広まる
☐ quarter	4分の1
☐ middle class	中間層
☐ inequality	不平等
☐ imbalance	不均衡
☐ irrigation	灌漑
☐ curable diseases	治癒可能な疾病
☐ wipe out	一掃する

Poverty — Social Studies

What does the word "poverty" mean to you? Many people in the U.S. think that poverty is a problem that impacts just a small portion of the world's population in a handful of countries in Africa and Southeast Asia. They think that most of the world lives as we do, not having to worry about malnutrition and starvation. This image of poverty is far from correct. In fact, over half of the people in the world live on less than two dollars of income per day. That's almost three billion people! Half of the world's children live in poverty as well. In 2003, over 10 million children died from causes related to poverty before the age of five.

What exactly is poverty? Poverty is not having enough resources to obtain sufficient amounts of life's necessities, such as food, water, health care and education. Without education, most people have very little hope of pulling themselves out of poverty. Providing education is the most important way to help a community or nation rise above poverty. Many people think that the best way to help the poor of the world is by providing them with shipments of food. Believe it or not, this actually makes things worse! Why? There is an ancient Chinese proverb that states, "Give a man a fish and he will eat for a day; teach him how to fish and he will eat for a lifetime." Supplying food to the poor without teaching them how to grow their own food will help them only for as long as the food lasts. But, if we can teach poor nations how to farm better, how to create stronger economies and help them build schools to educate children, these benefits will last a lifetime. This is called sustainable development.

What causes poverty? Poverty is caused by many factors. Some of these include a dry climate with very little rain, low levels of education, and political and economic instability. The biggest cause of poverty, however, is the ever-widening gap between the rich and the poor. Did you know that the three richest people in the world have more money than all of the people in the poorest 48 countries? That's almost one quarter of all the countries in the world! In many countries, especially in Latin America, there are a handful of extremely rich people who hold almost all of the country's wealth while most of the rest of the country lives in poverty. These countries have almost no middle class. This type of inequality exists not only in poor countries but in the U.S. as well. In fact, the richest 10% of Americans receive almost one third of the nation's income. As this type of imbalance increases, the number of middle-class citizens decreases, while the number of those living in poverty rises.

Poverty will not be an easy problem to solve. The first step is ending the myth among Americans that most people in the world live similar lives to ours and that only a minority of the world's population is poor. This is anything but true. Did you know that almost half of the people in the world have never even used a telephone? The next step is to have even more cooperation from benevolent people and nations worldwide to make long-term improvements to poor communities. This might include building irrigation systems so they can grow food, providing inexpensive medicine to prevent deaths from easily curable diseases, and training adults to become teachers in schools for children. Can you think of other ideas that might help wipe out poverty in the world?

Practice

1) According to the text, which of the following is true?
   a. Those living in poverty make up only a small percentage of the world's population
   b. Half of the people on earth live in poverty
   c. Half of the children in the world are illiterate
   d. 140,000 children (under the age of five) died from causes related to poverty

2) Which of the following does the author stress as a way to fight poverty?
   a. Education
   b. Health
   c. Money
   d. Water

3) Which of the following is the largest cause of poverty?
   a. Unstable governments and economies
   b. Lack of rainfall
   c. The gap between the wealthy and the poor
   d. Low levels of education

訳 貧困

　みなさんにとって貧困とは何ですか。アメリカ人の多くが、貧困とはアフリカや東南アジアのほんの一部の国々における少数が苦しむ問題にすぎないと考えています。世界のほとんどの人々が、自分たちと同じように暮らしており、栄養失調や飢餓などは心配せずにすんでいると考えているのです。貧困に関するこうしたイメージは、まったく間違っています。それどころか、世界の人口の半数以上が、1日2ドルに満たない収入で暮らしています。その数はおよそ30億人にものぼります。また、世界の子供の半数が貧困にあえいでいます。2003年には、1000万人の子供が貧困に関連した原因で5歳になる前に亡くなっています。

　それでは貧困とは一体何を指しているのでしょうか。貧困とは、食物や水、医療に教育など、生きるのに必要なものを十分に得るための財源がない状態のことです。教育なくしては、貧困から脱出する見込みはほとんどありません。貧困状態にある地域や国が、その状態から抜け出すためには、教育が最も重要な手助けになります。貧困状態にある人々を助けるには、食物を送ってあげることが最善だと考える人が多くいますが、驚くべきことに、これではかえって事態を悪くする一方なのです。なぜでしょう。古代中国のことわざにこういうのがあります。「魚一匹を与えても一日しか食べられないが、釣りを教えれば一生食べていける」。貧困状態にある人々に食物を与えるだけで、自分たちで食物をどうやって育てればよいかを教えなければ、与えた食料が続くあいだだけしか助けることができません。しかし貧困国に対して、よりよい農業のやり方や健全な経済をつくる方法を教え、学校の建設を助けて子供たちに教育を施せば、こうした恩恵は一生保ち続けることができます。これを持続可能な開発と呼んでいます。

　貧困はどうして起こるのでしょうか。それには様々な要因があります。たとえば気候が乾燥していて降雨量が少ないこと、教育水準の低さ、また政治的経

済的に安定していないことなどが挙げられます。しかしながら貧困の最大の要因は、現在も拡大しつつある貧富の差です。世界で最も裕福な3人の人物の財産は、世界最貧国48ヵ国の人々全員のより多いということを知っていましたか。これは全世界の国々の4分の1に当たるのです。特に中南米など、世界の多くの国々では、極端に裕福な一握りの人々が国の富を独占し、残りの人々は貧困のなかで暮らしています。こうした国々には、中産階級はほぼ存在しません。こうした形の不平等は、貧困国ばかりでなくアメリカにも存在します。その証拠に、10%の富裕層が国の収入の3分の1を得ているのです。こうした不均衡が増大するにつれて、中産階級層が少なくなり、貧困層が増えることになります。

　貧困を解決するのは容易ではありません。まず手始めに、世界中の人々は自分たちと同じような暮らしをしており、貧困層はほんの少数に過ぎないというアメリカ人の幻想を断ち切らなければなりません。これは真実以外の何者でもないのです。世界のほぼ半数にあたる人々は電話を使ったことすらないということを、知っていましたか。その次のステップとしては、慈善の精神に満ちた人々および世界の国々から一層の協力を得て、貧困状態にある地域に対する長期的な改善を行う必要があります。たとえば、灌漑システムを建設して食物を育てられるようにする、安価な医薬品を供与して容易に治療できる病気からの死亡を防ぐ、成人を対象に訓練を施し子供たちの学校の先生にすることなどが挙げられます。そのほか、世界から貧困をなくすためにはどんな方法があると思いますか。

【演習】

1）本文の内容としてふさわしいものを次の中から選んでください。
a.貧困の人口は世界の一部のみである
b.世界の人口の半分は貧困と考えられる
c.世界の児童の半分は文字が読めない
d.14万人の児童（5歳まで）が貧困で死亡した

2）著者が強調する、貧困対策としてふさわしいものを次の中から選んでください。
a.教育
b.健康
c.資金
d.水

3）貧困の原因として一番強い影響を持っているものを次の中から選んでください。
a.不安定な政治・経済
b.雨量の少なさ
c.貧富の格差
d.教育レベルの低さ

【正解】

1）b　　2）a　　3）c

⑦ ネイティブ・アメリカンのコスチュームを作ろう
Make a Native American Costume (3rd grade)

Tribes of the plains typically wore a feather headdress, clothing made from animal skins, and necklaces for ornamentation. You can make a Native American costume quite easily with a few readily available materials.

● Vest

Materials: Large grocery bag; markers or paints; scissors

Directions:

1. Cut the bag up the middle of the front. Cut out head and arm holes.
2. Use paints or markers to make Native American symbols and designs.
3. Cut fringes at the bottom.
4. Carefully put on the vest. (You may want to reinforce weak areas on the inside with masking tape.)

● Feather Headband

Materials: construction paper strips – tan or brown 4" × 24" (10 × 60cm), various colored paper for feathers 2 ½" × 9" (6.25 × 22.5cm); crayons or markers; scissors; staple; glue

Directions:

1. Fold the 4" × 24" construction paper strips in half lengthwise.
2. Make sure the opening side is up. Use crayons or markers to decorate the headband with Native American designs.
3. Trace a feather pattern to make as many feathers as you wish.
4. Cut out the feathers. Use scissors to give them a feathery look.
5. Open the headband and glue in the feathers. Fold the headband and glue it together. Staple the headband to fit.

• •

In the United States, there are more than 2 million Native Americans. Some of the largest Native American tribes are listed in the following table.

Tribe	Population
Cherokee	729,533
Navajo	298,197
Choctaw	158,774
Sioux	153,360
Chippewa	149,669 (Latest population count in 2000)

① Which is the largest Native American tribe?

    a. Navajo   b. Cherokee   c. Sioux

② About how many people are members of the Chippewa tribe?

    a. 140,000   b. 150,000   c. 160,000

③ About how many more people are members of the Choctaw tribe than of the Sioux tribe?

    a. 1,000   b. 3,000   c. 5,000

訳 ネイティブ・アメリカンのコスチュームを作ろう

　大平原地帯の部族は、主に頭部には羽飾り、動物の皮でできた衣服、ネックレスを装飾品として身につけていました。簡単に手に入る材料を使って、ネイティブ・アメリカンのコスチュームを作るのはさほど難しいことではありません。

● ベスト
　材料：大きな食料品用袋、マーカーや絵の具、はさみ

　作り方：
　　1. 袋の前面を半分に切る。頭と腕を入れる穴を切り抜く
　　2. 絵の具やマーカーで、ネイティブ・アメリカンのシンボルやデザインを描く
　　3. 裾のところをふさのように切る
　　4. ていねいにベストを着る（保護テープで内側から弱いところを補強してもよい）

● 頭にする羽飾り
　材料：建築用紙テープ—黄土色か茶色、4インチ×24インチ（10センチ×60センチ）、羽代わりの色紙いろいろ 2 ½ インチ×9インチ（6.25センチ×22.5センチ）、クレヨンかマーカー、はさみ、ホチキス、のり

　作り方：
　　1. 4インチ×24インチの紙テープを縦方向に半分に折る
　　2. 折ったほうを手前にして置く。クレヨンかマーカーを使ってネイティブ・アメリカンのデザインを用いて模様を描く

3. 羽の形をなぞって描き、好きな数だけ羽を作る
4. 羽を切り抜く。はさみを使って羽の形になるようにする
5. 折り目を開いて羽をのりで付ける。飾りを折ってのりで付け合せる。頭に合うよう、ホチキスでとめる

アメリカ合衆国には、200万人以上のネイティブ・アメリカンが住んでいます。なかでも比較的人数の多い部族が下の表にあげられています。

部族	人口
チェロキー	729,533
ナバホ	298,197
チョクトー	158,774
スー	153,360
チペワ	149,669（2000年に確認された最新の人口統計による）

① ネイティブ・アメリカン最大の部族は次のうちどれですか。
  a. ナバホ   b. チェロキー   c. スー
② チペワ族の人口はおよそどのくらいですか。
  a. 140,000   b. 150,000   c. 160,000
③ スー族に比べてチョクトー族の人口はおよそどれくらい多いですか。
  a. 1,000   b. 3,000   c. 5,000

【正解】
  ① b   ② b   ③ c

⑧ 世界の宗教

World Religions

TRACK…07

5th grade

Vocabulary

☐ Hinduism	ヒンズー教
☐ for millennia	千年の間
☐ Mormonism	モルモン教
☐ Christianity	キリスト教
☐ Islam	イスラム教
☐ Confucianism	儒教
☐ Buddhism	仏教
☐ atheists	無神論者
☐ agnostics	不可知論者
☐ great teachings	偉大な教え
☐ Lao Tse	老子
☐ Jesus Christ	イエス・キリスト
☐ Mohammed	モハマド
☐ proclaim	宣言する
☐ monotheistic	一神教
☐ polytheistic	多神教
☐ hemisphere	半球
☐ ancient	古代の
☐ Taoism	道教
☐ concentrate on ~	~に集中する

- ☐ benevolent 仁徳ある
- ☐ devout 敬虔な
- ☐ without a doubt 疑うまでなく
- ☐ diverse 多様な
- ☐ fulfill the need 必要性を満たす
- ☐ almighty being 全能の存在
- ☐ fate 運命
- ☐ ultimately 究極的には
- ☐ maintain peace 平和を維持する
- ☐ world order 世界の秩序

World Religions — Social Studies

There are thousands of religions in the world today. Some religions, such as Hinduism, have been around for millennia, while others, such as Mormonism started as recently as just a few hundred years ago. Some of the world's major religions are Christianity, Islam, Hinduism, Confucianism and Buddhism. While most of the people in the world identify themselves as followers of one religion, some people are followers of multiple religions. There are also atheists, or people who do not believe in the existence of a god. And, there are agnostics, who neither accept nor deny the existence of a god.

Many religions came to life as the result of the great teachings of one person. Such examples include Lao Tse (Taoism), Jesus Christ (Christianity), and Mohammed (Islam). Some religions proclaim the existence of only one god. These are called monotheistic religions. The most commonly known monotheistic religions are Christianity, Islam and Judaism. Other religions, such as Shinto and Hinduism, include numerous gods. These religions are called polytheistic. One of the most famous polytheistic religions of all time in the Western hemisphere is that of the ancient Greeks. They believed that there was a god controlling each of the major forces in the world, such as war, music, love, and the sea. And finally, some religions, such as Taoism, don't focus on the existence of a god at all, but instead concentrate on simply teaching how to live a benevolent and spiritual life.

Some people who are devout followers of one religion believe that their god is the only god that exists and that the teachings of their religion are correct without a doubt. Many people then question how so many diverse religions throughout the world could all be correct. Perhaps somehow all of them are correct. Or, maybe none of them are correct and religion is nothing more than a concept created entirely by humans to fulfill the need to know that an almighty being more powerful than we are is ultimately responsible for the fate of our lives. What do you think? Do you think that having religion in the world helps to maintain peace and world order? Is religion still a good thing if it is the cause of a war?

Practice

1) Which of the following words describes people who neither accept nor deny the existence of God?
   a. agonistics
   b. agnostics
   c. atheists
   d. athlete

2) Which of the following religions is not monotheistic?
   a. Islam
   b. Judaism
   c. Christianity
   d. Hinduism

3) Which of the following summarizes the point that the author is trying to make?
   a. There are so many religions that it is confusing
   b. It is up to each individual to decide what he or she thinks is right
   c. The existence of numerous religions helps bring about peace
   d. History proves that polytheistic religions are better than monotheistic ones

訳 世界の宗教

　今日、世界には何千という宗教が存在します。宗教のなかには、ヒンズー教など数千年もの歴史を持つものもあれば、モルモン教のように数百年前にはじまったものもあります。主要な宗教としてはキリスト教やイスラム教、ヒンズー教、儒教、仏教などがあります。世界の人々のほとんどが、1つの宗教を信仰する一方で、複数の宗教を信仰する人々もいます。また、無神論者、つまり神の存在を信じない人々もいます。そのほか、不可知論者、すなわち神の存在を認めもせず否定もしないという人々もいます。

　宗教の多くが、特定人物の偉大なる教えを基にはじまっています。例を挙げれば老子（道教）や、イエス・キリスト（キリスト教）、モハマド（イスラム教）などがあります。宗教のなかには唯一神の存在を宣言しているものもあります。そうした宗教は一神教と呼ばれます。よく知られている一神教としては、キリスト教やイスラム教、ユダヤ教などがあります。その他の宗教、たとえば神道やヒンズー教などは、いくつもの神を擁しています。これらは多神教と呼ばれています。古今、西半球で最もよく知られた多神教は古代ギリシャのものです。古代ギリシャ人は、戦争や音楽、愛や海など、世界の主要な力にはそれぞれ神がいて支配していると信じていました。最後に、たとえば道教のように、宗教のなかには神の存在にまったくこだわらず、仁徳ある精神生活を送るにはどうすればよいかの教えに重点を置いたものもあります。

　ある特定の宗教の、敬虔な信者のなかには、自らの信じる神が唯一存在する神であり、その教えこそが疑いの余地なく正しいものと信じている人もいます。では、どうしてこのように多種多様な宗教がすべて正しいと言えるのか疑問を抱く人もいるでしょう。おそらくどのような訳にせよ、すべての宗教が正しいのでしょう。もしくは正しいものなど1つもなく、宗教というのは、人間よりもはるかに力のある全能の存在がいて、人間の運命のすべてに究極的な責任を持つのだとしたい人間の欲求を満たすだけの、人間によって作り上げられた一

種の概念にすぎないのかもしれません。どう思いますか。この世界に宗教があることで、平和や世界の秩序が保たれていると思いますか。戦争の原因だったとしても、宗教はいいものだと思いますか。

・・

【演習】

1) 神の存在を受け入れも否定もしない人という意味の言葉を次の中から選んでください。
 a. agonistics
 b. agnostics
 c. atheists
 d. athlete

2) 一神教とみなされないものを次の中から選んでください。
 a. イスラム教
 b. ユダヤ教
 c. キリスト教
 d. ヒンズー教

3) 著者の意見のポイントをまとめたものを次の中から選んでください。
 a. 宗教の数が多すぎて混乱している
 b. 何が正しいかは個人の判断による
 c. 多数ある宗教は平和をもたらすのに寄与している
 d. 多神教は一神教よりも優れた宗教だと歴史が証明している

【正解】
 1) b　　2) d　　3) b

⑨ 交通安全

Traffic Safety

🔊 TRACK…08

(4th grade)

Vocabulary

☐ essential	必須な
☐ Thanksgiving dinner	感謝祭のディナー
☐ inaccessible	行く方法がない
☐ deadly	死を招きかねない
☐ in traffic accident	交通事故で
☐ pedestrians	歩行者
☐ at risk	危険な
☐ cross at ~	~を渡る
☐ oncoming	やってくる
☐ obey	守る
☐ swerve out into ~	~に入り込む
☐ reckless	注意散漫な
☐ a driver behind the wheel	運転中の人
☐ bear in mind	念頭に置く

Traffic Safety — Social Studies

Most people consider their cars as wonderful and essential parts of their lives. We use them every day to go to work, to school, to a neighboring state for vacation, or even to Grandma's house for Thanksgiving dinner. But, what most people often forget is that even though cars seem like a fantastic convenience that allows us to go to places that would otherwise be inaccessible, cars can also be dangerous and sometimes even deadly if we are not careful.

In 2003, over 40,000 people in the United States died in traffic accidents. This number includes not only people killed inside cars, but also pedestrians and bicyclists who were hit by cars. So even if you are not old enough to drive yet, you are still at risk when you are walking or riding your bike near moving vehicles. Here are some very useful tips to keep in mind to help you avoid being involved in a traffic accident.

Let's first look at what you can do when you are walking to stay out of harm's way. When crossing a street, always cross at the corner and never in the middle of the block. Even if there is a pedestrian signal or a crosswalk, be sure to look left, right and then left again to make sure that there is no oncoming traffic before you take your first step across the street. If there is a pedestrian signal, cross the street only when the signal tells you that it is safe to do so. Never cross when the light is red! Also, if you see a car coming, don't cross until it comes to a complete stop. Even though you may think that a driver has seen you and is going to stop, always wait until the car first stops completely just to be safe.

When riding your bicycle, always stay on the right-hand side of the road and pedal in the same direction as the traffic. It is not safe to ride on the left-hand side of the road in the direction of oncoming traffic. Also, bicycles have to obey the same signs and signals that cars do. This means that you have to come to a complete stop at a stop sign, and you must wait for a green light to proceed through an intersection. Finally, when riding with your friends, never look behind you while you are peddling. This can cause you to lose your balance and swerve out into traffic. And last but not least, never ride your bicycle without a helmet!

Unfortunately, no matter how much you pay attention to walking or riding your bicycle safely, there are many drivers on the road who are reckless. It is never safe to assume that a driver behind the wheel will obey traffic laws and drive safely. You always need to be on the lookout for people who are speeding, running traffic lights or driving dangerously. If you see somebody driving like this, get out of the way as quickly as you can!

Can you think of some other safety tips to bear in mind when you are walking or riding your bike in or near traffic? What are some rules of safety when riding in a car?

[Practice]

1) Which of the following should one not do when walking?

   a. Cross only at intersections

   b. Look left and right before crossing

   c. Cross in front of a car that looks like it is going to stop

   d. Watch out for speeding cars

2) Which of the following should one not do when riding a bicycle?

   a. Ride on the right-hand side of the street

   b. Follow the same rules as pedestrians

   c. Keep your eyes on the road when riding with your friends

   d. Ride a bicycle with a helmet

訳 交通安全

　車は素晴らしいもので日々の生活に欠かせないものだと大抵の人は考えています。毎日の通勤通学はもちろん、休暇で近辺の州に行ったり、感謝祭の夕食におばあちゃんの家まで行ったりもします。車はそれがなければ行けないようなところへすら容易に行ける素晴らしい便利なものに見えますが、実際はとても危険なもので、ちょっとした不注意からときには死をももたらすものだということを、多くの人々が忘れてしまっています。

　2003年には、アメリカで4万人以上の人々が交通事故で亡くなっています。この人数のなかには、車の中にいて亡くなった人たちばかりでなく、車にはねられた歩行者や自転車の死亡者も含まれています。ですからまだ車が運転できる年齢にならなくても、動く車両の近くで歩いていたり自転車に乗っていたりすれば危険だと言えます。ここでは、どうすれば交通事故に遭わずにすむか、覚えておきたいことを挙げましょう。

　まず最初に、歩いているときどうすれば危険に遭わないかを考えてみましょう。道を横断するとき、必ず角のところで横断するようにし、絶対に道の真ん中で横断するのはやめましょう。歩行者用信号や横断歩道があったとしても、必ず左、右、左と見て、道を横断する一歩を踏み出す前に、車がこちらへ向かってきていないことを確かめましょう。歩行者用信号があるところでは、信号が渡ってよいというときにだけ横断するようにしましょう。赤信号のときには絶対に渡ってはいけません。また、車がこちらに向かってくるのが見えたら、車が完全に止まるまで渡りはじめてはいけません。運転者が自分を見たので止まってくれるだろうと思っても、安全のためにまず車が完全に止まるまで待ちましょう。

　自転車に乗るときは、常に道の右側を走るようにし、車と同じ方向に行くようにしましょう。車が向かい側から来る形になるので、道の左側に沿った走り方は危険です。また、自転車も車と同じように道路標識や信号に従わなくては

なりません。つまり、停止標識のあるところでは完全に止まり、交差点では信号が青になってから渡らなくてはならないのです。最後になりますが、友達と自転車に乗っているとき、自転車をこいでいる最中に後ろを振り返ってはいけません。バランスを崩して、車道の方へハンドルを切ってしまうかもしれないからです。一番おしまいに大事なことですが、自転車を乗るときは必ずヘルメットを着用しましょう。

　残念なことですが、歩行中や自転車に乗っている最中にどんなに安全に気をつけていたとしても、無謀な運転をする人は大勢いるものです。運転する人はみな交通ルールを守り安全に運転すると思い込んでしまうのは、危険です。スピードを出しすぎている人や信号に突っ込む人、危険な運転をする人に常に注意していなければなりません。こういう人を見かけたら、すぐさまその場から離れましょう。

　車道のなかや車の近くで歩いたり自転車に乗っている最中に、肝に銘じておくべき安全のヒントは、ほかに思いつきますか。車に乗っているときの安全ルールにはどんなものがあるでしょう。

【演習】
　　1) 歩くときの注意事項としてふさわしくないものを次の中から選んでください。
　　　 a. 交差点で渡る
　　　 b. 左右を確認してから渡る
　　　 c. 車が止まりそうなことを見てから渡る
　　　 d. スピードを出している車にも注意する

　　2) 自転車に乗るときの注意事項としてふさわしくないものを次の中から選んでください。
　　　 a. 道路の右側を通る
　　　 b. 歩行者と同じルールで通る
　　　 c. 2人乗りのときはしっかり前を見る
　　　 d. ヘルメットをかぶる

【正解】
　　1) c　　2) b

⑩ マヤ文明

The Mayans

TRACK…09

5th grade

Vocabulary

☐ ancient	古代の
☐ The Mayans	マヤ文明の人々
☐ Aztecs	アステカ文明の人々
☐ civilization	文明
☐ golden age	黄金時代
☐ date back to 〜	〜までさかのぼる
☐ the Spaniard/Spanish	スペイン人
☐ Cortez	コルテス
☐ You can make a guess.	想像で言ってごらん
☐ early 1500s	1500年代初頭
☐ emphasize	強調する
☐ a picture from (National Geographic)	(ナショナル・ジオグラフィック) に掲載された写真
☐ it's spelled this way	このようにスペルします
☐ Guatemala	グアテマラ
☐ were centered in 〜	〜を中心にしていた
☐ all the way down to Nicaragua	ニカラグアまでずっとくだる
☐ the Pacific	太平洋
☐ crafts people	職人
☐ stone masons	石工

☐ jewelry makers	宝石職人
☐ potters	陶工
☐ the princes and lords	皇族や君主
☐ loyal court	宮廷
☐ had very rich culture	豊富な文化を持っていた
☐ don't have very much evidence of ~	~の証拠がない
☐ the Greeks	ギリシャ人
☐ the Romans	ローマ人
☐ a detective story for archeologists	考古学者にとっての推理小説
☐ There are several theories.	いくつかの理論がある
☐ were abducted by aliens	宇宙人に誘拐された
☐ died out	死滅した
☐ wiped them out	全滅させた
☐ meteorite	隕石
☐ natural disasters	自然災害
☐ earthquakes	地震
☐ tornadoes	竜巻
☐ volcanoes	火山
☐ floods	洪水

The Mayans .... History

The following is a conversation from a classroom setting. Listen and try to imagine being in the classroom yourself.

Teacher: What two ancient groups did we talk about so far?

Student: The Mayans and Aztecs.

Teacher: Which group was there first? I mean which group had their civilization first?

Student: The Mayans.

Teacher: I told you that their golden age was about 200-800, but they found brothers that date back to 500 B.C., around the time of the Greeks, which we studied last year. Does anyone remember about when the Aztecs had their golden age? What year?

Student: ...

Teacher: When did the Spaniard or Spanish come? Does anyone remember when Cortez left the Aztecs? About. You can make a guess. It's OK if you want. Monica?

Monica: 1500.

Teacher: Right. 1500. Early 1500s. Just one thing, you know, I didn't emphasize it, but I think you should remember this. One of the most famous Mayan temples. I showed you a picture from *National Geographic*. And I've told you it was the temple of four jaguars. And I think it might've been in Miss Angela's slides as well. The one very early temple is called Tikal. And it's spelled this way. T-I-K-A-L. Just so that you know if you ever recognize this name on a test or in reading in the future. Oh! That's the famous Mayan temple in Guatemala. So now I just answered one question I was going to ask you. The Mayans were centered in Guatemala. How far north and south did they go? Jasmine?

Jasmine: 100 miles south.

Teacher: No, so how far north? You're going south. All the way down to Nicaragua. So down here. How far north did they go? Maya?

Maya: The Aztec empire was from the Caribbean all the way across to the Pacific.

Teacher: OK. Inside the major Mayan cities, on a normal day, you would find crafts people and artisans, you'd see stone masons working with stones to build houses. You'd see jewelry makers and potters, working hard to make the very best products for the princes and lords they had. Then in the royal court, you'd hear musicians, poets, and storytellers. So they had a very rich culture even though we don't have as much evidence of it as we have of the Greeks and the Romans. A lot of them had just disappeared. And we still don't know what happened to the Mayans. This is a detective story for archeologists. What happened to the Mayans. There are several theories. What do you think the theories might be of what happened to the Mayans? Sean?

Sean: They were abducted by aliens.

Teacher: They were abducted by aliens? That's one theory. Mary?

Mary: Sickness and disease. Cancer?

Teacher: Sickness and disease? Certainly a lot of the native people

	died out when the European people brought sickness. But cancer takes time. I don't think cancer wiped them out. Dylan?
Dylan	A meteo…
Teacher	Pardon?
Dylan	A meteorite.
Teacher	A meteorite. So, a natural disaster? What are the natural disasters in this region that could have done something?
Peter	Earthquakes.
Teacher	What else?
Ava	Tornadoes.
Teacher	Tornadoes. Does this region have tornadoes?
Matthew	Volcanoes.
Teacher	OK. Volcanoes.
Katy	Floods.

Practice

Answer the following questions.

1) Which civilization is older – the Mayans or the Aztecs?

2) When was the golden age of the Aztec Civilization?

3) Where was the center of the Mayan Civilization?

4) What is the difference between the Greek and Roman Civilizations compared to the Mayan Civilization?

5) One of the students made a joke when asked to name a theory of what happened to the Mayans. What was the joke he made?

6) Which of the following was not one of the students' answers?
   a. Sickness
   b. A tornado
   c. An earthquake
   d. Fire

訳 マヤ文明の人々

次の抜粋は、ある授業風景です。実際の教室の様子を思い浮かべながら聴いてみましょう。

先生 これまでに話してきた2つの古代種族は何でしたか。

生徒 マヤとアステカです。

先生 どちらの種族が先でしたか。どちらが先に文明を築き上げましたか。

生徒 マヤです。

先生 マヤの最盛期は200年から800年とお話しましたが、その仲間は紀元前500年に発見されています。これはギリシャ文明と同じ時期ですが、それについては去年勉強しましたね。ではアステカの最盛期はいつだったか覚えている人はいますか。何年でしたか。

生徒 …。

先生 スペイン人が来たのはいつでしたか？コルテスがアステカを去ったのはいつでしたか？大体でいいですよ。当てずっぽうでも構いません。モニカさんどうぞ。

モニカ 1500年です。

先生 その通り。1500年です。1500年代の初頭です。1つだけ、これは前に強調しませんでしたが、覚えておくといいと思うことがあります。マヤ文明の最も有名な神殿です。『ナショナル・ジオグラフィック』の写真を見せましたね。そのとき4つのジャガーの神殿だと説明しました。アンジェラ先生のスライドにもあったかと思います。ごくごく初期の神殿はティカルと呼ばれています。つづり方はこうです。T-I-K-A-L。後になってテストや本のなかでこの名前を見つけたらそれとわかるようにね。あ、それはグアテマラにある有名なマヤの神殿です。みなさんに質問しようと思って

いたことをたった今自分で答えてしまいました。マヤはグアテマラを中心にした文明でした。マヤ文明の最北端と最南端はどのくらいですか。ジャスミンさん。

(ジャスミン) 南に100マイル。

(先生) いいえ、北にどのくらい？ 南はですね。ニカラグアまでずうっとです。このあたりになります。北にはどのくらいですか。マヤさん。

(マヤ) アステカ帝国はカリブ海から太平洋までの一帯です。

(先生) よろしい。主要なマヤの都市においては、通常の日には、職人たちがいて、また石工が石造りの家を建てていました。宝石職人や陶工らが、皇族や君主のために最高の品物を作っていました。宮廷内では、音楽家や詩人、語り部の声が聞こえます。このようにたいへん豊かな文化を誇っていたのですが、ギリシャやローマの文明ほどには、その文明を証明するものが残っていません。ほとんどが失われてしまったからです。マヤ文明に何が起こったのか、いまだにわかっていません。これは考古学者にとって推理小説のようなものです。マヤ文明に何が起こったのか。それにはいくつか説があります。どんな説だと思いますか。マヤ文明に何が起こったと思いますか。ショーンくん。

(ショーン) 宇宙人に誘拐されました。

(先生) 宇宙人に誘拐された？ それも1つの説ですね。メアリーさん。

(メアリー) 何かの病気だと思います。ガンか何か。

(先生) 何かの病気？ もちろん、ヨーロッパ人が持ち込んだ疾病で、土地の人々の多くが死んでいきました。でもガンは長い時間がかかります。ガンで全滅したとは思いませんよ。ディランくん。

(ディラン) いん…。

(先生) 何ですか？

(ディラン) 隕石です。

(先生) 隕石ですね。天災ということですね。そのほか、その地域に起こ

り得るもので、影響の大きな天災は何がありますか。

ピーター　地震。

先生　他には？

エヴァ　竜巻。

先生　竜巻。この地域に竜巻は起こりますか？

マシュー　火山。

先生　はい、火山。

ケイティ　洪水。

・・・・・・・・・・・・・・・・・・・・・・・・・・・・・・・・・・

【演習】

次の質問に答えてください。

1）マヤとアステカは、どちらが古い文明ですか。

2）アステカ文明の黄金時代はいつ頃でしたか。

3）マヤ文明の中心地はどこにありましたか。

4）ギリシャ、ローマ文明とマヤ文明との違いは何ですか。

5）マヤ文明に何が起こったかの説をたずねられたある生徒が冗談を言いましたが、どのような内容ですか。

6）生徒の答えとしてあげられなかったものを次の中から選んでください。

　　a. 疾病　　b. 竜巻　　c. 地震　　d. 火災

【正解】

1）The Mayan Civilization（マヤ文明）　2）The beginning of the 1500s（1500年代初頭）　3）Guatemala（グアテマラ）　4）There are not many artifacts left that tell us about how the Mayans lived（当時を振り返るための歴史物が残されていない）　5）That they were abducted by aliens（宇宙人に誘拐された）　6）d.

⑪ 自由

Freedom (4th grade)

Vocabulary

☐ right	権利
☐ liberty	自由（＝ freedom）
☐ pursuit	追求
☐ proposition	命題
☐ equality	平等（equal ＝平等な）
☐ expression	表現
☐ worship	崇拝する
☐ want	欲求
☐ happiness	幸福
☐ is endowed by ～	～によって授けられる
☐ Creator	創造主
☐ unalienable	奪うことのできない（＝ inalienable）

Quotations from Presidents' Speeches TRACK···10

The following are quotes from presidential speeches. Match each quote with the president who said it.

1 "We hold these truths to be self-evident, that all men are created equal, that they are endowed by their Creator with certain unalienable Rights, that among these are Life, Liberty and the pursuit of Happiness."

2 "Four score and seven years ago our fathers brought forth on this continent a new nation, conceived in liberty, and dedicated to the proposition that all men are created equal."

3 "We look forward to a world founded upon four essential human freedoms. The first is the freedom of speech and expression…the second is the freedom of every person to worship
God in his own way…the third is freedom from want…the fourth is freedom from fear…"

c.

d.

92

41

"My fellow citizens of the world, ask not what America will do for you, but what together we can do for the freedom of man."

a. John F. Kennedy
b. Thomas Jefferson
c. Abraham Lincoln
d. Franklin D. Roosevelt

Fill in the Blank　　TRACK…11

Fill in the blanks with the most appropriate word choosing from those listed below.

"I have a dream that my four little children will one day live in a nation where they will not be judged by the (　) of their skin but by the (　) of their character."

Martin Luther King Jr., Civil Rights Leader, August 28, 1963

a. nature
b. color
c. content
d. personality

Christopher Columbus

🔊 TRACK···12

Columbus was a brave man! He was not afraid to cross the wide ocean. Some men of his country were afraid of the ocean. They believed the earth was flat and that if you sailed too far, you would fall over the edge. They thought that terrible monsters would surely get you then. Wasn't that a silly idea?

Who Am I?

Christopher Columbus was born in Genoa, Italy. He set sail across the Atlantic Ocean in 1492. Instead of Asia, he found the new world, America, on October 12, 1492.

The U.S. Presidents

Write the first letter of each picture below to learn an important fact about the U.S. Presidents.

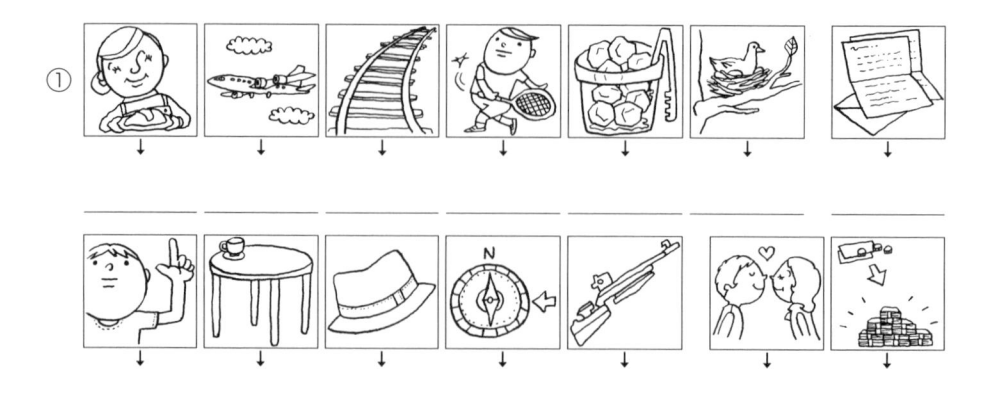

①

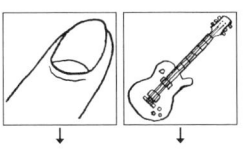

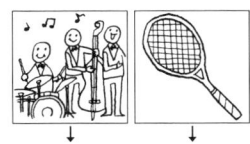

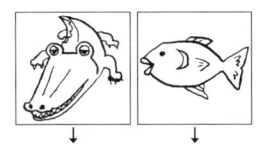

_____ _____ _____. was an _____ _____

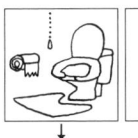

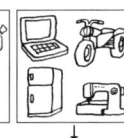

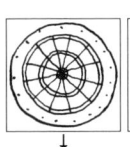

_____ _____ _____ _____ _____ _____ leader.

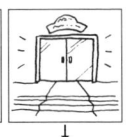

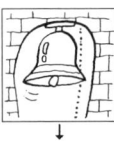

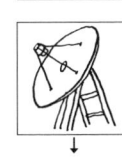

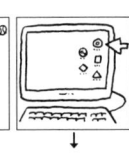

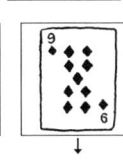

②

_____ _____ _____ _____ _____ _____ _____

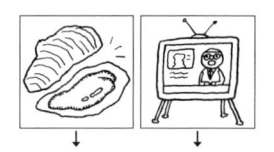

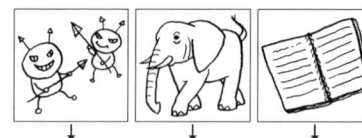

_____ _____ was a _____ _____ _____ _____

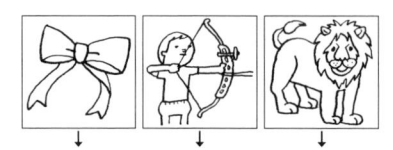

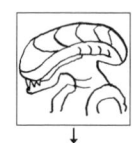

_____ _____ _____ of the first American _____

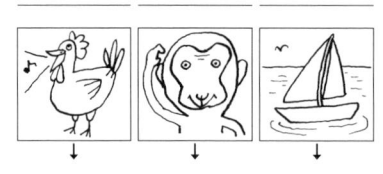

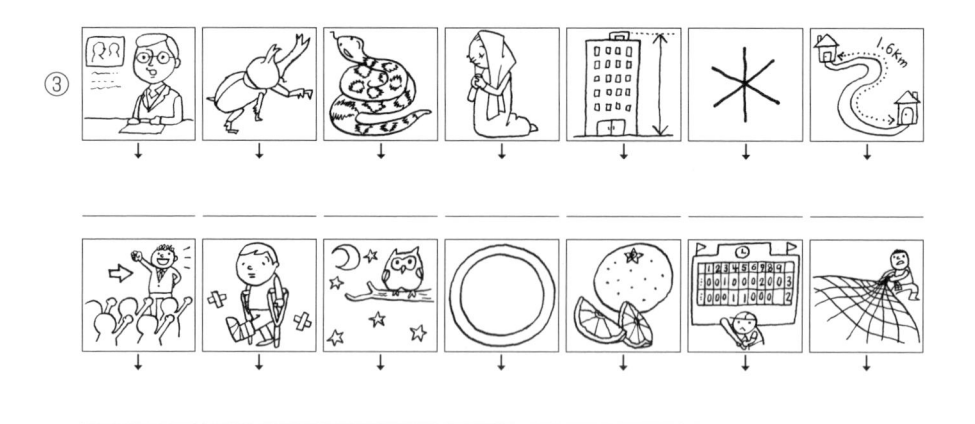

_____ _____ _____ .

③

_____ _____ _____ _____ _____ _____ _____ _____ _____

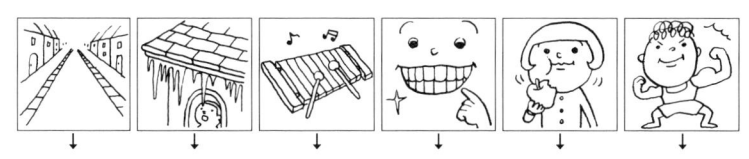

is our _____ _____ _____ _____ _____ _____

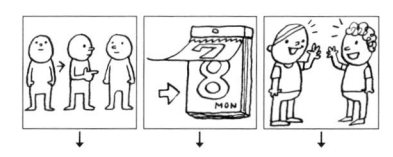

_____ _____ _____ president. He was shot

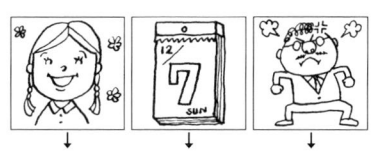

and died April 15, 1865. His _____ _____ _____

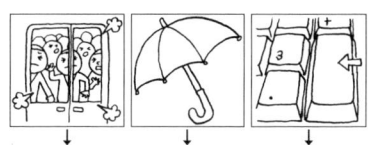

_____ _____ _____ in Washington,

_____ . _____ . honors him.

大統領演説の引用

【訳】

次は、大統領の演説からの引用です。引用と大統領の名前を結びつけてください。

1. 自明の理として、すべての人間は生まれながらに平等であり、奪いがたい一定の権利を創造主から与えられており、それらの中には生命、自由、そして幸福の追求が含まれる。

2. 87年前、我らが建国の父達は、この大陸に新しい国を生んだ。この国は、自由という理念を保ち、すべての人間は平等に創造されたという命題を掲げた。

3. 我々は、4つの基本的な人間の自由の上に成り立つ世界を待ち望んでいる。1つ目の自由は言論と表現の自由、2つ目はすべての人間がそれぞれの方法で神を崇めることのできる自由、3つ目は貧困から自由になること（貧困からの解放）、そして4つ目は恐怖から自由になること（恐怖からの解放）である。

4. 全国の我らが同胞よ、アメリカが自分に何をしてくれるかと求めるのではなく、人間の自由のために共に何ができるかを求めよ。

> a. ジョン・F・ケネディ
> b. トマス・ジェファーソン
> c. アブラハム・リンカーン
> d. フランクリン・D・ルーズベルト

【正解】
1. b　Thomas Jefferson, 3rd President of the U.S., Declaration of Independence, July 4, 1776
2. c　Abraham Lincoln, 16th President of the U.S., The Gettysburg Address, November 19, 1863
3. d　Franklin D. Roosevelt, 32nd President of the U.S., January 6, 1941
4. a　John F. Kennedy, 35th President of the U.S., Inaugural Address, January 20, 1961

空欄穴埋め

【訳】

次の空欄にふさわしい単語を次の中から選んでください。

「私の夢は、私の4人の子供が、皮膚の（　　　）によってではなく、個性という（　　　）によって判断されるような国に住む日が来ることだ。」

a. 性質　　b. 色　　c. 中身　　d. 個性

【正解】

b, c

クリストファー・コロンブス

【訳】

　コロンブスは勇気ある人物でした！　広大な大洋を横断することを恐れませんでした。コロンブスの国のなかには、海を怖がる人もいました。地球が平らだと信じていたからです。もし海を航海し続けていったら、海の端にたどり着き、そこから落ちてしまうと考えていたのです。そこでは恐ろしい怪物が待ち構えていて、落ちた人を捕らえようとしていると考えていました。なんておかしな考えでしょう。

私は誰？

　クリストファー・コロンブスはイタリアのジェノヴァというところに生まれました。1492年、大西洋を航海して渡りました。アジアの代わりに、新世界アメリカを発見したのは、1492年10月12日のことでした。

アメリカ大統領

【訳】

　絵のつづりの先頭の文字を書いて、アメリカ大統領について勉強しましょう。

【正解】

① [Martin] [Luther] [King] [Jr]. was an [African] [American] leader.
　マーチン・ルーサー・キング・ジュニアはアフリカ系アメリカ人指導者でした。

【ヒントのイラスト】

Martin → Mother（母親）のm ／ Airplane（飛行機）のa ／ Rail（線路）のr ／ Tennis（テニス）のt ／ Ice（氷）のi ／ Nest（巣）のn

Luther → Letter（手紙）のl ／ Up（上へ）のu ／ Table（テーブル）のt ／ Hat（帽子）のh ／ East（東）のe ／ Rifle（ライフル）のr

King → Kiss（キス）のk ／ Increase（増える）のl ／ Nail（爪）のn ／ Guitar（ギター）のg

Jr. → Jazz（ジャズ）のj ／ Racket（ラケット）のr

African → Alligator（ワニ）のa ／ Fish（魚）のf ／ Restroom（お手洗い）のr ／ Ink（インク）のi ／ Camera（カメラ）のc ／ Apple（りんご）のa ／ Neck（首）のn

American → Asia（アジア）のa ／ Machine（機械）のm ／ Ear（耳）のe ／ Rake（ゴミかき）のr ／ Island（島）のi ／ Can（缶）のc ／ Aim（まと）のa ／ Name（名前）のn

② George Washington was a general of the first American army.
ジョージ・ワシントンは最初のアメリカ軍の司令官でした。

【ヒントのイラスト】

George → Gang（強盗）の g ／ Entrance（入り口）の e ／ Owl（ふくろう）の o ／ Ring（鐘）の r ／ Guest（お客）の g ／ Engagement（婚約）の e

Washington → Worm（虫）の w ／ Antenna（アンテナ）の a ／ Star（星）の s ／ Hit（打つ）の h ／ Icon（アイコン）の i ／ Nine（9）の n ／ Gate（門）の g ／ Tiger（トラ）の t ／ Oyster（牡蠣）の o ／ News（ニュース）の n

general → Germ（ばい菌）の g ／ Elephant（象）の e ／ Notebook（ノート）の n ／ East（東）の e ／ Ribbon（リボン）の r ／ Archery（アーチェリー）の a ／ Lion（ライオン）の l

army → Alien（エイリアン）の a ／ Rooster（おんどり）の r ／ Monkey（猿）の m ／ Yacht（ヨット）の y

---

③ Abraham Lincoln is our sixteenth president. He was shot and died April 15, 1865. His statue in Washington, D.C. honors him.
アブラハム・リンカーンはわが国の第 16 代大統領です。1865 年 4 月 15 日に銃撃を受け亡くなりました。リンカーンの栄誉を称えた彫像がワシントン D.C. に建っています。

【ヒントのイラスト】

Abraham → Anchorman（アンカーマン、ニュースキャスター）の a ／ Beetle（カブトムシ）の b ／ Rattlesnake（ガラガラヘビ）の r ／ Amen!（アーメン！、キリスト教の祈りの言葉）の a ／ Height（高さ）の h ／ Asterisk（アスタリスク、*）の a ／ Mile（マイル、1.6km）の m

Lincoln → Leader（リーダー）の l ／ Injury（けが）の i ／ Night（夜）の n ／ Circle（円）の c ／ Orange（オレンジ）の o ／ Last（最後の）の l ／ Net（網）の n

sixteenth → Street（通り）の s ／ Icicle（氷柱）の i ／ Xylophone（木琴）の x ／ Tooth（歯）の t ／ Eat（食べる）の e ／ Energy（エネルギー）の e ／ Next（次の）の n ／ Tomorrow（明日）の t ／ Hello!（こんにちは！）の h

statue → Smile（笑顔）の s ／ Today（今日）の t ／ Angry（怒っている）の a ／ Tight（キツイ、ギュウギュウ詰めの）の t ／ Umbrella（傘）の u ／ Enter key（エンターキー）の e

D.C. → Drink（飲み物）の d ／ Camp（キャンプ）の c

⑫ 歴史小説プロジェクト

Historical Fiction Book Project (3rd grade)

Read the letter below and answer the questions that follow.

Historical Fiction Book Project

Due no later than
DECEMBER 13, 2004

Dear Students,

You have been reading your historical fiction book this month. Hopefully you are finished or almost done with it. Here is what I'd like you to do:

Make a poster OR a diorama that really shows what life "looked" like during the period of time that your book talked about.

Then write upto one page telling me if you would have liked living during the time period of your book. Be sure to tell me why or why not.

You can use pictures from the Internet!
Have fun!

[Practice]

1) When is the due date for completing the project?

   a. December 12

   b. December 13

   c. December 14

   d. December 13 or sooner

2) Which of the following is not listed in the note as something for the students to do?

   a. Verbally tell the teacher what he/she will do

   b. Do research on the Internet

   c. Make a diorama

   d. Make a poster

3) Which one of the following is different from what is explained in the note?

   a. There are some students who are not yet finished reading their book

   b. The students should write only the facts, not what they think

   c. The students can be creative

   d. The students can include pictures in their reports

🔖 歴史小説プロジェクト

次の手紙を読んで問いに答えてください。

歴史小説プロジェクト

2004年12月13日〆切

生徒の皆さんへ

　今月皆さんは歴史小説を読んでいますね。もう読み終えたか、あるいはもうすぐ読み終わる頃かと思います。それでは次に、以下のことをやってもらいます。

　読んだ本に書いてあった時代の生活がどのようなものであったかを、ポスターかジオラマかどちらかを作ることで視覚的に表してください。

　それから本のなかの時代に生きてみたいかどうか、1ページ以内に書いてください。どうしてそう思うのか、その理由を書くのを忘れずに。

　インターネットからの画像を使っても構いません。
　がんばってください。

・・・

【演習】

1）提出期限を設定していますが、いつですか。
　　a. 12月12日
　　b. 12月13日
　　c. 12月14日
　　d. 12月13日以前

2）生徒がすることとして、手紙には書かれていないものを選んでください。
　　a. 先生に口頭で内容を伝える
　　b. インターネットで検索する
　　c. ジオラマを作る
　　d. ポスターを作る

3）手紙の内容と一致しないものを選んでください。
　　a. 生徒の中には書籍を読み終えていないものがいる
　　b. 事実だけを述べ自分の感想を書いてはいけない
　　c. 生徒の想像力を働かせてもいい
　　d. レポートに絵をつけてもいい

【正解】

　　1）b　　2）a　　3）b

⑬ 国立公園制度

The National Park System

TRACK…13

4th grade

Vocabulary

☐ The National Park System	国立公園制度
☐ Grand Canyon	グランドキャニオン国立公園
☐ Yellowstone	イエローストーン国立公園
☐ Yosemite	ヨセミテ国立公園
☐ land mass	土地面積
☐ national monuments	国立記念碑
☐ national historic sites	国立史跡
☐ scenic trails	景勝トレイル
☐ established	定められた
☐ Woodrow Wilson	ウッドロー・ウイルソン
☐ set aside	とりおく
☐ administered by ~	~が管理する
☐ for the enjoyment of ~	~の楽しみのために
☐ spectacular scenery	すばらしい景観
☐ phenomenal	並はずれた、驚くべき
☐ erosion	浸食
☐ snakes through ~	~をグネグネ通る
☐ rim	淵
☐ carve out	削る
☐ is home to ~	~がある

☐ peak	山
☐ glaciers	氷河
☐ natural habitat	自然の生息地
☐ mountain goats	シロイワヤギ
☐ moose	ムース
☐ grizzly bears	灰色グマ
☐ wolverines	クズリ
☐ porcupines	ヤマアラシ
☐ Death Valley National Park	デスバレー国立公園
☐ is located on ～	～に位置する
☐ Western Hemisphere	西半球
☐ below sea level	海抜下
☐ ～ of rainfall per year	～の年間雨量
☐ temperatures	気温
☐ peaking at ～	ピーク時には～に達する
☐ toasty	焼けつくような
☐ Fahrenheit	華氏
☐ red-hot lava	溶岩
☐ fresh lava	新しい溶岩
☐ pours into ～	～に注ぎ込む
☐ columns of ～	～の柱
☐ billowing steam	渦巻く蒸気
☐ limestone caves	鍾乳洞
☐ underground chambers	地下空間
☐ tropical paradise	南国の楽園
☐ stunning	もっとも美しい

- ☐ coral reefs　　　　　サンゴ礁
- ☐ urbanization　　　　都市化
- ☐ industrialization　　工業化
- ☐ take their toll　　　 つけを払う
- ☐ treasures　　　　　　財産
- ☐ be preserved　　　　保全される

The National Park System ······ Geography & Geology

Have you ever been to the Grand Canyon, Yellowstone or Yosemite? These are all examples of parks in the U.S. national park system. In all, the park system includes 376 areas and covers a total land mass of 130,000 square miles. That's an area larger than the entire state of Arizona! The park system includes national parks, national monuments, national historic sites, and national scenic trails, which are found in every state except Delaware. The first national park to be established in the U.S. and in the world was Yellowstone National Park. It was opened in 1872. The national park system was created by Woodrow Wilson in 1916 with the formation of the National Park Service. The purpose of this system was to set aside areas of great natural beauty to be protected and administered by the government for the enjoyment of the people. Now, tens of millions of people visit the spectacular scenery offered by national parks in the U.S. every year.

Probably one of the most famous national parks is the Grand Canyon. The phenomenal colored walls of the canyon were formed through erosion by the Colorado River, which still snakes through the canyon about one mile below the canyon rim. The formation of the canyon began about five million years ago to very gradually carve out the canyon as we know it today. Some of the rocks found at the bottom of the canyon may be as much as 2 billion years old! The Grand Canyon was established as a national park in 1919 and is now visited by over five million people every year.

The largest of the national parks is Wrangell-St. Elias National Park in Alaska. It covers an area of over 13,000 square miles or about the size of the state of Maryland. It is home to Mt. Saint Elias, which is the second highest peak in the U.S. Here, you can also find the largest group of glaciers in North America. The park is a natural habitat for a wide variety of wildlife, such as mountain goats, moose, grizzly bears, wolverines and porcupines.

Quite different from Wrangell-St. Elias is Death Valley National Park. Death Valley is located on the eastern edge of California. It is truly a land of extremes. First of all, it is the lowest point in the entire Western Hemisphere at 282 feet below sea level. It is also the driest location in North America with not even two inches of rainfall per year. And, it is one of the hottest places in the world, with average summer temperatures peaking at a toasty 115 degrees Fahrenheit!

Other fascinating national parks include Hawaii Volcanoes National Park where visitors can watch rivers of red-hot lava flowing down fresh lava fields where it then pours into the sea, creating huge columns of billowing steam. Carlsbad Caverns National Park in New Mexico contains over 100 limestone caves, including the deepest cave in the U.S. at 1,567 feet and one of the largest underground chambers in the world. And, Dry Tortugas National Park near Key West, Florida is a tropical paradise with some of the most stunning coral reefs in all of North America.

As urbanization and industrialization gradually take their toll by wiping out areas of natural beauty in the U.S., the national park system guarantees that our most spectacular natural treasures will be preserved for all to see for generations to come.

[Practice]

1) What state is bigger – Maryland or Arizona? Derive your answer using information from the text.

2) In which year was the National Park System created?
   a. 1872
   b. 1972
   c. 1916
   d. 1919

3) Which of the following is most closely linked to the Grand Canyon?
   a. The state of Colorado
   b. Colorado City
   c. Lake Colorado
   d. The Colorado River

4) Which national park is located on the eastern edge of California?
   a. Grand Canyon
   b. Death Valley
   c. Yosemite
   d. Yellowstone

訳 国立公園制度

　グランドキャニオンやイエローストーン、ヨセミテなどを訪れたことはありますか。これらはすべて、アメリカ国立公園制度における公園の例です。すべて合計すると、376の地域と13万平方マイルもの広大な土地になります。その広さは、アリゾナ州全体よりも広いのです。公園制度のなかには、国立公園や国立記念碑、国立史跡、そして国立景勝トレイルがあり、デラウェア州以外どの州にもあります。アメリカおよび世界で初めて設立された国立公園は、イエローストーン国立公園です。1872年にオープンしました。国立公園制度は、ウッドロー・ウィルソンが1916年、国立公園局の設置と共に確立したものです。この制度の目的は、壮大な美しい自然をとりおき、人々の娯楽のために政府が保護および管理するというものでした。現在、毎年数千万もの人々がアメリカ国立公園の壮大な景観を楽しむために訪れています。

　最も有名な国立公園としては、グランドキャニオンが挙げられるでしょう。渓谷を驚くべき色で彩る絶壁は、今も渓谷の淵から1マイルほど下を流れるコロラド川の浸食によって引き起こされたものです。渓谷の形成がはじまったのは約500万年前、それから現在の渓谷が徐々に形成されてきました。渓谷の底にある石などは、20億年も前のものかもしれないのです。グランドキャニオンが国立公園に指定されたのは1916年のことで、今では毎年500万人以上もの人が訪れています。

　最大の国立公園は、アラスカのラングル・セントエライアス国立公園です。面積は13000平方マイルにものぼり、メリーランド州とほぼ同じ大きさになります。アメリカで2番目に高い山のセントエライアス山があります。ここでは北米最大の氷河を見ることもできます。公園には様々な野生動物が住んでおり、シロイワヤギやムース、灰色グマやクズリ、ヤマアラシなどが見られます。

　ラングル・セントエライアス国立公園とかなり違うものとしては、デスバレー国立公園があります。デスバレーはカリフォルニア州の東端に位置しています。

ここは文字通り、極端の地と言えます。まず、海抜282フィート以下という、西半球全体で一番低いところにあります。また、年間降雨量が2インチにも満たないという、北米で最も乾燥した地域でもあります。さらには、世界で最も暑い場所であり、夏の平均気温が焼けつくほどの摂氏115度にも達するところです。

　そのほかにも素晴らしい国立公園としては、ハワイ火山国立公園があります。そこを訪れた人は、真赤な溶岩が川のようにまだ新しい溶岩原をくだり、海に流れ込んで渦巻く蒸気の柱を作っているのを目の当たりにすることができます。ニューメキシコ州のカールズバッド洞窟群国立公園には、鍾乳洞が100以上存在し、1567フィートもの深さにあるアメリカで最も深い洞窟や、世界最大の地下空間があります。フロリダ州のキーウェストの近くにあるドライ・トートゥガス国立公園は、北米全土で最も美しいサンゴ礁を有する、南国の楽園です。

　都市化や工業化が進み、アメリカの自然美が徐々に失われつつありますが、国立公園制度のおかげで、もっとも素晴らしい自然の財産は、これからもずっとすべての人が楽しめるように保護されるのです。

【演習】

1）アリゾナ州とメリーランド州はどちらが大きいでしょうか。本文の説明を参考に答えてください。

2）国立公園の制度ができた年を次の中から選んでください。
   a. 1872
   b. 1972
   c. 1916
   d. 1919

3）グランドキャニオン国立公園ともっとも関係の深いものを次の中から選んでください。
   a. コロラド州
   b. コロラド市
   c. コロラド湖
   d. コロラド川

4）カリフォルニア州の東端にある公園を次の中から選んでください。
   a. グランドキャニオン
   b. デスバレー
   c. ヨセミテ
   d. イエローストーン

【正解】

1）アリゾナ州（アメリカの全国立公園の面積に等しい。メリーランド州は、最大の国立公園に等しい）

2）c

3）d

4）b

⑭ 南アメリカ

South America

3rd grade

Vocabulary

☐ equator	赤道
☐ Atlantic Ocean	大西洋
☐ Pacific Ocean	太平洋
☐ latitude	緯度
☐ longitude	経度
☐ altitude, elevation	標高
☐ above sea level	海抜
☐ direction, bearing	方位
☐ cape	岬
☐ channel	海峡
☐ date line	日付変更線
☐ plain	平野
☐ basin	盆地
☐ subtropics	亜熱帯地方の
☐ tropics	熱帯地方の

1) Answer the questions below.
    1. (   ) is the largest country in South America.
    2. (   ) is directly south of Paraguay.
    3. Most of South America is (   ) of the equator.
    4. The (   ) mountains are located on the west coast of South America.

2) Guess which of the statements below are true and which are false.
    1. Columbia is located to the north of Amazon River.
    2. Peru is located to the south of Argentina.
    3. Chile and Brazil are located next to each other.

・・

【訳】

1）以下の質問に答えなさい。

    1.（　　　）は南米で一番大きな国です。

    2.（　　　）はパラグアイの真南にあります。

    3. 南米の国のほとんどは赤道の（　　　）にあります。

    4.（　　　）山は南米の西海岸に位置します。

2）以下の質問の正誤を答えなさい。

    1. コロンビアはアマゾン川の北に位置している。

    2. ペルーはアルゼンチンの南に位置している。

    3. チリとブラジルは隣り合っている。

【正解】

    1） 1. Brazil（ブラジル）
          2. Argentina（アルゼンチン）
          3. south（南）
          4. Andes（アンデス）

    2） 1. True
          2. False
          3. False

15 地図と地球儀

Atlases and Globes

TRACK…14

3rd grade

Vocabulary

☐ atlases	国の地図
☐ states	州
☐ mark on ~	~に印をつける
☐ trails	遊歩道
☐ is formed around ~	~のまわりに作られた
☐ globes	地球儀
☐ Take a closer look at ~	~をより詳しく見る
☐ the North Pole	北極
☐ the South Pole	南極
☐ spin on its axis	軸を中心に回転する
☐ equator	赤道
☐ divide ... into ~	…を~に分ける
☐ Northern Hemisphere	北半球
☐ Southern Hemisphere	南半球
☐ stay hot	ずっと暑い
☐ lie parallel to ...	~と平行に走る
☐ They never meet.	交わることはない
☐ measure distance	距離を知る
☐ Tropic of Cancer	北回帰線
☐ Tropic of Capricorn	南回帰線

Atlases and Globes — Geography & Geology

An atlas is a book of maps. Atlases are filled with maps of states and countries. People study maps in the atlas. They might even mark on the maps. Any map on paper can have trails and cities marked for travel. However, not all maps are drawn on paper. What do you call a map that is formed around a ball?

Answer: A globe

Most classrooms have a globe. A globe is a map of the Earth in the shape of the Earth! Can you find your home country on the globe? If you take a closer look at the globe, you will see lots of lines. If you were to fly around the world in a plane, when you looked down you would not see those lines. So why are those lines on the globe? They tell us things about the world. Let's find out what those lines tell us.

Earth has a North Pole and a South Pole. As your globe spins on its axis, you see the top of the axis in the middle of the North Pole, and the bottom of the axis in the middle of the South Pole. Halfway between the North Pole and the South Pole is an imaginary line we call the equator [ee-KWAY-ter]. The equator goes around the middle of the Earth like a belt. It divides the Earth into two parts. We call the upper half the Northern Hemisphere [HEM-iss-fear] and the lower half is called the Southern Hemisphere.

Countries near the equator stay hot all year long. Children living in those countries see snow only in pictures or on TV!

Other lines lie parallel [PAIR-uh-lehl] to the equator. They never meet. They run in the same direction and are an equal distance apart at all points. Those lines measure distance north or south of the equator. Two of those parallel lines have names. We call one above the equator the Tropic of Cancer. Below the equator is one called the Tropic of Capricorn. The weather between those two lines is always warm, because the sun shines most directly on those areas. Only one of the states in the U.S. lies within that area. Can you guess which one?

Answer: Hawaii

Another set of imaginary lines runs from the North Pole to the South Pole. Spin the globe to see all of them! All of these lines cross the equator and its parallel lines once. Can you guess why those lines are on the globe?

Answer: To measure distance

With all those lines criss-crossing the globe, it looks almost like squares, doesn't it? See what else you can find on the globe!

Practice

Answer the following questions.

1) What do we call a book of maps?
2) What do we call the line that divides the world into two halves?
3) On what does the Earth spin?
4) What do we call the part of the world below the equator?
5) What do we call the line that falls between the Tropic of Cancer and the Tropic of Capricorn?

訳 地図と地球儀

アトラスは地図の本です。アトラスには様々な国の地図が載っています。アトラスで地図を調べることができます。地図に印をつけることもできます。紙に印刷された地図には、道や街があり、旅行のために印をつけることもできます。しかし、紙の上の地図ばかりが地図ではありません。球体の上の地図は何と呼びますか。

答え：地球儀

教室にはたいてい地球儀があります。地球儀は、地球の形をした地球の地図です。地球儀の上に自分の国を探し当てることができますか。地球儀を詳しく見てみると、いくつもの線が見つかります。飛行機で世界を旅しているとき、飛行機の窓から下を見下ろしても、このような線は見当たりません。それではなぜこのような線が地球儀の上にはあるのでしょうか。線が何を意味しているのか探ってみましょう。

地球には北極と南極があります。地球儀を軸を中心に回すと、軸の上部は北極の真ん中に、軸の下部は南極の真ん中にあることがわかります。北極と南極のちょうど真ん中に、架空の線があると考え、これを赤道と呼んでいます。赤道は地球の真ん中を帯のように一周しています。これによって、地球は2つの部分に分かれています。上半分を北半球と呼び、下半分を南半球と呼びます。

赤道に近い国々は一年を通して常に暑いです。こうした国々に住む子供たちは、絵や写真、テレビのなかでしか雪を見たことがないのです。

そのほかの線は赤道に平行になっています。これらの線が交わることはありません。同じ方向に描かれ、すべての地点から同じ距離にあります。これらの

線は赤道からどれほど北か南かという距離を測るものです。そのうちの2つの平行線には名前がついています。赤道から1つ上の線は北回帰線と呼ばれています。赤道の下の線は南回帰線と呼びます。この2つの線ではさまれた地帯は常に暖かいのですが、それは太陽が直接当たるからです。アメリカ合衆国で、ある1つの州だけがこの地域に当たります。どの州かわかりますか。

答え：ハワイ

　もう一種類の架空の線は、北極から南極へと描かれています。地球儀を回してその線を全部見てみましょう。それらの線はすべて、赤道およびそれに平行な線と一度だけ交わっています。それらの線がなぜ地球儀に描かれているかわかりますか。

答え：距離を測るため

　地球儀の上に十文字に交わる線を見ていると、四角く見えてきませんか。そのほか地球儀に何があるか調べてみましょう。

・・

【演習】
　　次の英文の問いに答えてください。
　　1）地図の本を何と呼びますか
　　2）世界を2つに分ける線を何と呼びますか
　　3）地球は何によって回っていますか
　　4）赤道より下の世界を何と呼びますか
　　5）北回帰線と南回帰線のあいだにある線を何と呼びますか

【正解】
　　1）atlas（アトラス）
　　2）equator（赤道）
　　3）axis（軸）
　　4）Southern Hemisphere（南半球）
　　5）equator（赤道）

Part 2
Science
理科

① 車と環境

Cars and the Environment

TRACK…15

4th grade

Vocabulary

☐ vacationers	休暇をすごす人
☐ feed	餌を与える
☐ mode	手段、モード
☐ transportation	運輸
☐ supermarket	スーパーマーケット
☐ nowadays	今日
☐ luxury	贅沢
☐ convenience	便利さ
☐ go exercise	運動をする
☐ come at a price	代価を払う
☐ in traffic jams	交通渋滞にあう
☐ emit carbon dioxide gas	二酸化炭素ガスを放出する
☐ heat-absorbing gas	冷却用ガス
☐ methane	メタン
☐ ozone	オゾン
☐ greenhouse gases	温室効果ガス
☐ industrialization	工業化
☐ compounded with ～	～に加え
☐ referred to ～	～と称される
☐ global warming	地球温暖化

- ☐ accommodate 収容する
- ☐ natural greenery 自然の緑
- ☐ notice 気づく
- ☐ planet 地球
- ☐ infrastructure インフラ
- ☐ grassroots education 草の根レベルの教育
- ☐ lessen this impact 衝撃を緩和する
- ☐ see the big picture 全体像を見る
- ☐ trips could be made on foot 徒歩で行ける

Cars and the Environment · · · · · · · · · · · · · · · · · · · Science

People used to walk everywhere before cars were invented. A trip to a neighboring town could take hours and sometimes even days. In those days, inns were not for vacationers as they are today. Instead, they were a place where weary travelers could rest for the night before continuing on their journey the next day. Then came horses. Traveling by horse was certainly a lot faster than walking. But, buying a good horse, feeding it, and keeping it healthy took a lot of time and money.

In the 21st century, people seem to have all but forgotten that walking is a mode of transportation. And how many people do you know who ride their horse to the supermarket? Nowadays, almost everybody has come to rely on the luxury and convenience of cars. We drive our cars to work, to go shopping, and to almost any other place we need to go during our busy days. We even drive our cars to go exercise! How much sense does that make?

Convenience, however, comes at a price. Almost one million people are killed every year in fatal car accidents worldwide. The average American living in a city spends about 60 hours per year stuck in traffic jams. But, the worst problem caused by cars is the pollution they create. Cars and trucks emit carbon dioxide gas. This gas and other heat-absorbing gases, such as methane and ozone, are called greenhouse gases. Industrialization compounded with the vast number of cars and trucks on the road these days are factors that have caused greenhouse gases to increase dramatically over the past century. The result is a gradual but very real change in our climate referred to as global warming.

There are now over 600 million cars in the world! To accommodate all of these cars, we have been sacrificing vast amounts of our natural greenery in recent decades to build more and more roads and highways. Have you ever looked out an airplane window over a city and noticed that you see almost nothing but roads and highways? Will we be able to stop this growth before our entire planet is nothing more than one giant infrastructure of road systems?

Protecting our environment starts with grassroots education. Each and every one of us needs to be aware of how we impact the environment and more importantly how we can lessen this impact. The damage you and I cause to the environment by driving our cars just a few miles each day may not seem like much at all. But, when we consider that there are billions and billions of people driving every day, every year, we can start to see the big picture. How can you lessen your impact on the environment? How many times do you drive per day? How many of these trips could be made on foot or by bicycle instead of by car?

[Practice]

1) Which of the following is not given as an adverse effect of cars?
   a. traffic accidents
   b. environmental pollution
   c. traffic jams
   d. an increase in illnesses

2) How many cars are there in the world today?
   a. 6 million
   b. 640,000
   c. 600 million
   d. 6 billion

3) Which of the following does the author stress as a way to protect the environment?
   a. Grassroots education
   b. Not being an activist
   c. Alleviating traffic problems
   d. Thinking about how many times per day you use a car

訳 車と環境

　車がまだ発明されていなかった時代、人々はどこへ行くにも歩いて行きました。隣町へ行くにも何時間、ときには何日もかかることがありました。その頃は、宿屋というものは今日のように休暇をくつろぐためではありませんでした。疲れ果てた旅人が、次の日も旅を続けることができるよう、一夜をゆっくり休むためのものだったのです。そして、馬が登場しました。馬で旅をすれば、歩くよりずっと早く行けます。ただし、馬を買って餌を与え、病気をしないようにと養うためには、多額の費用と時間がかかります。

　21世紀の今、徒歩が交通の手段であるということはもはや忘れ去られてしまったようです。スーパーマーケットに行くのに馬に乗っていく人がどれほどいるというのでしょう。今となっては、ほとんどの人が贅沢で便利な車に乗るようになりました。車で通勤、買い物など、忙しい日々のなかではどこに行くにも車です。運動をしに行くときすら車を運転します。おかしな話ではありませんか。

　しかし利便性には代価がつきまといます。交通事故のために世界中で毎年100万人の死亡者が出ています。アメリカの都市生活者は、平均すると交通渋滞のなかで年に60時間も費やしています。車が引き起こす問題の中でも最悪のものは、汚染です。車やトラックは二酸化炭素ガスを排出します。このガスと、メタンやオゾンなどの冷却用ガスは、温室効果ガスと呼ばれています。今日、膨大な数の車やトラックに加え、工業化社会の到来は、20世紀中に温室効果ガスが飛躍的に増加した要因に数えられています。その結果じわじわと、しかし確実に、地球温暖化と呼ばれる気候の変化が起こっています。

　現在、世界には6億台以上の車が存在します。これほどの台数の車に対応するために、過去数十年間にわたって、一般車道や高速道路が建設され、自然の多くが犠牲になってきました。飛行機に乗って都市の様子を窓から眺めると、道路以外には何も見当たらないと気づいたことはありませんか。私たちの地球全体が、道路からなる巨大な設備だけで埋め尽くされてしまう前に、これ以上

の道路建設を食い止めることはできるのでしょうか。

　環境を守ることは草の根レベルの教育からはじまります。私たち一人一人が、自分たちが環境にどのような影響を与えているか常に意識することはもちろん、こうした影響をいかにして小さくしていくかを考えることは大変重要です。みなさんが1日にほんの数マイルだけ車に乗ることで引き起こされる環境へのダメージなど、大したことではないと思いがちです。しかし、何十億という人々が毎日毎年車を運転していると考えれば、全体像が見えてくるのではないでしょうか。どうすれば環境への影響を小さくすることができるでしょう。1日に車に乗る回数はどれくらいですか。そのうち、車を使わなくても徒歩や自転車で行けるところがあるはずです。

・・・・・・・・・・・・・・・・・・・・・・・・・・・・・・・・・・・・・

【演習】
　　1) 車の弊害としてあげられていないものは次の中のどれですか。
　　　 a. 交通事故
　　　 b. 大気汚染
　　　 c. 交通渋滞
　　　 d. 病気の増加

　　2) 世界の車台数を次の中から選んでください。
　　　 a. 600万台
　　　 b. 64万台
　　　 c. 6億台
　　　 d. 60億台

　　3) 環境保護の方法として著者が強調しているのは次の中のどれですか。
　　　 a. 草の根レベルの教育
　　　 b. 運動をしないこと
　　　 c. 交通渋滞を緩和させること
　　　 d. 車を1日に何回乗るかを考えること

【正解】
　　1) d　　2) c　　3) a

② 宇宙を見る

A Look into Space

TRACK…16

4th grade

Vocabulary

☐ dot	点
☐ far away	遠く離れている
☐ take over	～以上かかる
☐ revolve	周りを回る
☐ the Solar System	太陽系
☐ Mercury	水星
☐ Venus	金星
☐ Earth	地球
☐ Mars	火星
☐ Jupiter	木星
☐ Saturn	土星
☐ Uranus	天王星
☐ Neptune	海王星
☐ Pluto	冥王星
☐ twinkle	きらきら光る
☐ Antarctica	南極大陸
☐ unmanned spaceships	無人の宇宙船
☐ astronomers	天文学者
☐ detect	探し出す
☐ universe	宇宙
☐ discoveries	発見

A Look into Space — Science

Have you ever looked at the dark night sky away from the bright lights of a city? If so, you probably saw more stars than you could count. Although it looks like each star is just a dot of light stuck on the night sky close enough to touch, the stars are actually as big, if not bigger than the Sun! Why do they look so small? That's because they are very, very far away. In fact, some stars are so far away that it takes thousands, sometimes even millions of years for their light to reach Earth. Even the light from the closest star that we can see in the night sky takes over four years to get here. That's a LONG time considering that it takes light from the Sun just over eight minutes to shine its way to Earth.

But, there are more than just stars that we are seeing when we look up at the night sky. Besides Earth, there are eight other major planets that revolve around our Sun. We call the Sun, the Earth and the other eight planets the Solar System. In order from the Sun, the planets are Mercury, Venus, Earth, Mars, Jupiter, Saturn, Uranus, Neptune and Pluto. And, on many dark nights, you can easily see about half of these planets in the night sky along with the stars. But, the planets are also far away, so even though most of them are as big as Earth or even bigger, they look like small dots of light, just like the stars. How can you tell the difference then between planets and stars? It's actually very easy! Look closely and you'll see that stars tend to twinkle, but the planets look like solid, steady points of light.

As far as we know, there is no life on any of the other planets in our Solar System. That is because the ones close to the Sun are very hot, and the ones far from the Sun are even much colder than Antarctica. In recent years, we have sent several unmanned spaceships to Mars, which is the planet closest to Earth. Although we did not find any life there, we did find evidence that there may have been water and life on Mars a long, long time ago.

Are the other stars we see in the night sky like our Sun? Do they have planets around them, too? Until just a few years ago, nobody knew the answer to this question. Since the stars are so far away, it is very difficult to see if there are any planets revolving around them. Recently, however, astronomers have found very creative ways of hunting for planets around other stars. So far, they have been able to detect about 150 planets around other stars in our galaxy.

The big question that is on everybody's mind, of course, is whether any of these planets have life as we know it on Earth. Nobody knows the answer to this question yet, but some scientists think that we may be able to figure it out within the next several decades. Finding out that we are not alone in the universe would be one of the biggest discoveries of all time.

Do you think that there might be life on other planets? How would this change our thinking about science and religion?

[Practice]

1) About how long does it take light from the star closest to our solar system to reach us?
   a. 4 minutes
   b. 4 years
   c. 40 years
   d. 80 years

2) What is a good method for distinguishing planets from stars in the night sky?
   a. Getting closer for a better look
   b. Remembering that planets are rock-colored
   c. Remembering that light from planets appears solid
   d. Remembering that light from planets twinkle

3) To which celestial body did we recently send unmanned spaceships?
   a. The Moon
   b. Mars
   c. Mercury
   d. Saturn

訳 宇宙を見る

　都市の灯りのないところで、暗い夜空を見上げたことはありますか。きっと数え切れぬほどたくさんの星が見えたでしょう。星々は夜の空にくっついた明るい点のようなものにしか見えず、まるで手を伸ばせば届きそうな近さかと思うかもしれませんが、本当はとても大きく、太陽と同じ大きさか、もっと大きいのもあります。それではなぜあんなに小さく見えるのでしょうか。それは星が大変遠いところにあるからです。あまりに遠いところにあるため、光が地球に届くまでに数千年、なかには数百万年かかって届く星もあります。夜空に見える星のうち、最も近い星の光ですら、地球に届くまでに4年もかかっています。太陽の光がたった8分で地球に到達することを考えると、それは大変長い時間です。

　夜空を見上げるとき、私たちは星以外のものも見ています。地球以外にも、太陽の周りを回る惑星は8個あります。太陽に地球、そしてその他8個の惑星を、太陽系と呼んでいます。太陽から近い順に、水星・金星・地球・火星・木星・土星・天王星・海王星・冥王星です。暗い夜空ではしばしば、星々に加えてこれらの惑星のうちの半数はゆうに見ることができます。しかしこうした惑星も遠くに位置するため、そのほとんどが実際は地球と同じ大きさだったりもっと大きいのにもかかわらず、ほかの星と同様、小さな光の点にしか見えません。それでは、星と惑星とはどのように見分ければよいのでしょうか。その方法は簡単です。じっくり見てみるとわかりますが、星はキラキラ点滅しています。惑星の光は瞬きません。

　私たちの知る限りでは、太陽系の惑星に生命体はありません。太陽に近い惑星は暑すぎ、遠い惑星は南極よりもずっと寒いからです。近年、地球に最も近い惑星である火星に、無人の宇宙船が何度か送られました。生命の存在は確認できませんでしたが、ずっと昔に水と生命が存在したかもしれないとする痕跡を見出しました。

夜空に見える星のなかに、太陽のような星が存在するのでしょうか。そこには惑星もあるのでしょうか。つい数年前まで、こうした疑問に答えられる人は誰もいませんでした。星はあまりに遠くにあるため、惑星がその周りを回っているかどうか、なかなか見極められなかったのです。しかし、最近天文学者らは、星の周りに惑星があるかどうかを探る、極めて独創的な方法を生み出し、これまでに、銀河系内において、星の周りを回る惑星が150個あることを確認しています。

　そこで誰もが抱く大きな疑問は、それら惑星のなかには地球にあるような生命が存在するのかどうかというものです。この疑問にはまだ答えが出ていませんが、科学者のなかには向こう数十年の間に答えが見出せると考える人もいます。この宇宙において私たちだけが唯一の存在でないという発見は、おそらく空前絶後の発見となるでしょう。

　ほかの惑星に生命が存在すると思いますか。そうだとすると、科学や宗教に対する私たちの考え方はどう変化するでしょうか。

【演習】

1) 一番近い星から光が地球に届く時間は次の中のどれですか。
   a. 4分
   b. 4年
   c. 40年
   d. 80年

2) 夜空の星から惑星を見分ける方法としてふさわしいものを次の中から選んでください。
   a. 近づいて見る
   b. 土色をしているのが惑星
   c. 点滅しない光を出しているのが惑星
   d. きらきらと光り輝いているのが惑星

3) ここ数年で、無人の宇宙船を送った天体を次の中から選んでください。
   a. 月
   b. 火星
   c. 水星
   d. 土星

【正解】
1) b　　2) c　　3) b

③ 科学豆知識

Science Trivia (2nd grade)

Fill in the blank.

1 A baby whale drinks (   ) gallons of milk a day.
10, 100, 1000, 10,000

2 Hurricanes can bring (   ) inches of rain just one day.
20, 200, 2000, 20,000

3 The Sun is more than one (   ) times the size of Earth.
hundred, thousand, million, billion

4 Light can travel around Earth (   ) times in one second.
five, six, seven, eight

5 Light can travel from the Sun to Mercury in (   ) minutes.
three, thirteen, thirty, three hundred

6 The Milky Way is shaped like a (   ) spiral.
round, flat, parallel, linear

7 A cricket's ears are on its (   ).
ears, feet, knees, neck

8 When swimming, you move (   ) under the water than half submerged.
faster, slower

9 Sharks have no ( ).
teeth, bones, tongue, eyes

10 An earthquake that measures 5 on the Richter Scale would be ( ) times stronger than an earthquake that measures 4 on the same scale.
1, 2, 5, 10

【訳】

空欄をうめましょう。

1. くじらの子供は毎日（　　　）ガロンのミルクを飲みます。
2. ハリケーンは1日で（　　　）インチもの雨を降らせます。
3. 太陽は地球の（　　　）倍以上もの大きさです。
4. 光の速さは1秒で地球を（　　　）周できます。
5. 光の速さでは太陽から水星まで届くのに（　　　）分しかかかりません。
6. 天の川は（　　　）な螺旋をしています。
7. コオロギの目は（　　　）にあります。
8. 泳いでいるとき、完全に潜っている方が半分潜っているのよりも（　　　）く進みます。
9. サメには（　　　）がありません。
10. リヒタースケールでマグニチュード5の地震は、同じスケールで4の地震よりも（　　　）倍強いです。

【正解】

1. 100　　2. 20　　3. million（100万）　　4. seven　　5. three　　6. flat（平ら）
7. knees（ひざ）　　8. faster（速）　　9. bones（骨）　　10. 10

④ 天体

Planet   3rd grade

1) Write the first letter of each picture below to learn an important fact about the solar system.

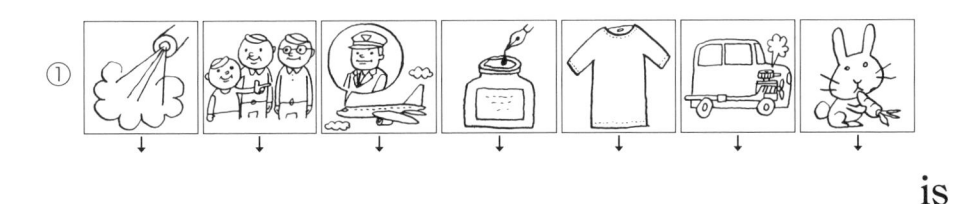

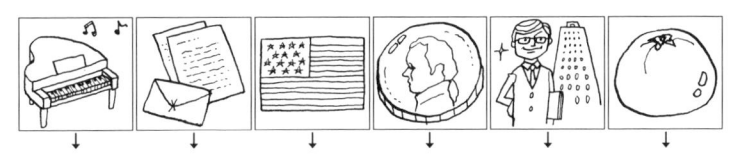

① _____ is

the largest _____

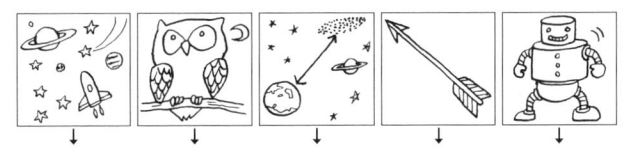

in the ____ ____ ____ ____ system.

② _____ is the

second-largest planet.

2) Place the planets in order from the Sun.

The Sun   Saturn

　　Mercury   　　Mars

Uranus   　　Neptune

　Earth   Pluto

　　　Venus

Answer

The Sun → _____ → _____ → _____ → _____

_____ → _____ → _____ → _____

_____ → _____

3) Complete the sentences below.

1. The planet we know the most about is ☐☐☐☐☐.

2. ☐☐☐☐☐ is covered with yellow clouds.

3. ☐☐☐☐☐☐ is right next to the Sun.

4. ☐☐☐☐ looks red to us.

5. ☐☐☐☐☐ is the brightest planet.

6. We can live on Earth because its air has ☐☐☐☐☐☐.

7. The planet that moves the fastest is called ☐☐☐☐☐☐☐.

8. It doesn't rain on ☐☐☐☐☐, but it has lots of thunder and lightening.

9. There are big holes called craters on ☐☐☐☐.

10. ☐☐☐☐ is almost as big as Earth.

11. ☐☐☐☐ ☐☐☐☐☐ is everything outside Earth's atmosphere.

12. The Sun is not a planet. It's a ☐☐☐☐.

・・・

【訳】

1) 絵のつづりの先頭の文字を書いて、太陽系について勉強しましょう。

① Jupiter is the largest planet in the solar system.
木星は太陽系で最大の惑星です。

【ヒントのイラスト】

Jupiter → Jet（ジェット）のj／Uncle（おじ）のu／Pilot（パイロット）のp／Ink（インク）のi／T-shirt（Tシャツ）のt／Engine（エンジン）のe／Rabbit（うさぎ）のr

planet → Piano（ピアノ）のp／Letter（手紙）のl／America（アメリカ）のa／Nickel（ニッケル、5セント硬貨）のn／Elite（エリート）のe／Tomato（トマト）のt

solar → Space（宇宙）のs／Owl（ふくろう）のo／Light（光年）のl／Arrow（矢）のa／Robot（ロボット）のr

---

② Saturn is the second-largest planet.
土星は2番目に大きな惑星です。

【ヒントのイラスト】

Saturn → Scientist（科学者）のs ／ Around（周り）のa ／ Test（テスト）のt ／ Under（下の）のu ／ Rug（ラグ、じゅうたん）のr ／ Number（数）のn

---

2) 太陽系の惑星を順序通りに並べ変えてください。

【正解】

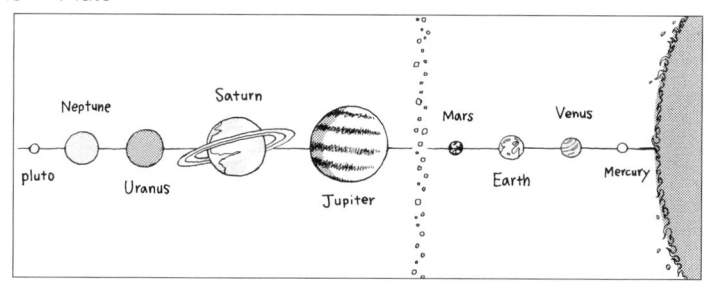

The Sun → Mercury → Venus → Earth → Mars → Jupiter → Saturn → Uranus → Neptune → Pluto

3) キーワードを用いて以下の文章を完成させなさい。

1. 私たちが最もよく知っている惑星は 地球 です
2. 金星 は黄色い雲に覆われています
3. 水星 は太陽に一番近い惑星です
4. 火星 は私たちの眼には赤く見えます
5. 金星 は一番明るい惑星です
6. 私たちが地球に住めるのは大気に 酸素 が含まれるからです
7. 最も速い速度で回っている惑星は 水星 と呼ばれます
8. 金星 には雨は降りませんが、雷と稲妻は多く見られます
9. 火星 にはクレーターと呼ばれる大きな穴がいくつもあります
10. 金星 は地球とほぼ同じ大きさです

11. 大気圏外空間 とは、地球の大気圏の外すべてを指します
12. 太陽は惑星ではありません。太陽は 星 です

【正解】
 1. Earth 2. Venus 3. Mercury 4. Mars 5. Venus
 6. oxygen 7. Mercury 8. Venus 9. Mars 10. Venus
 11. Outer space 12. star

⑤ 固体と流体
Solids and Liquids

3rd grade

Look at the characteristics below and decide which ones describe a solid and which ones describe a liquid.

Solids:

Liquids:

a. do not change shape easily

b. will not allow another solid to pass through its easily

c. take the shape of their container

d. may be visible or invisible

e. have a definite shape

f. have a definite size

g. are usually visible

h. when heated become gas

i. have a definite volume

【訳】

特徴を読み、固体か流体に分けてください。

a. 形が容易に変わらない
b. 他の固体が容易に通り抜けられない
c. 容器に入れるとその形になる
d. 目に見える場合も見えない場合もある
e. しっかりした形がある
f. ある決まった大きさを保つ
g. たいていの場合目に見える
h. 熱すると気体になる
i. ある決まった容量を保つ

【正解】

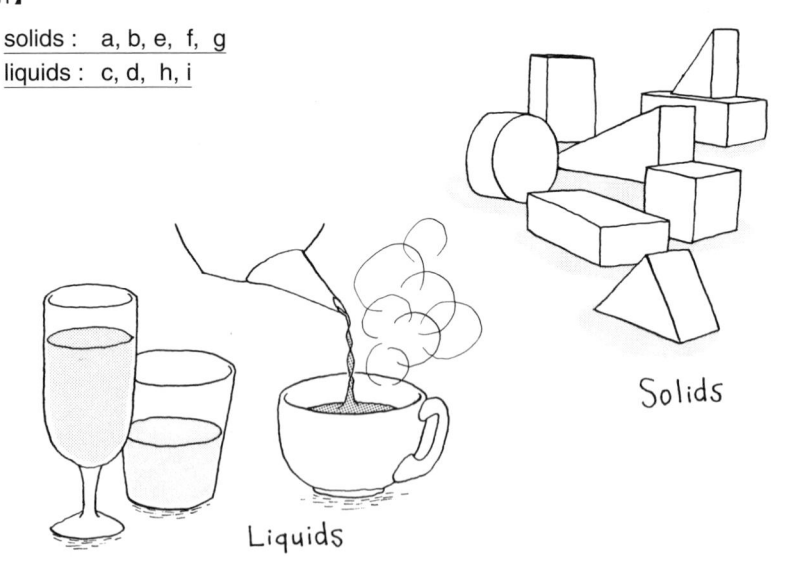

solids： a, b, e, f, g
liquids： c, d, h, i

⑥ 原子

Atoms (5th grade)

Vocabulary

☐ atoms	原子
☐ proton	陽子
☐ neutron	中性子
☐ electron	電子

1) Find the mistakes in the following sentence.

　　Atoms are made up of proteins, neurons, and electrons.

2) Locate protons, neutrons, and electrons from the following figure.

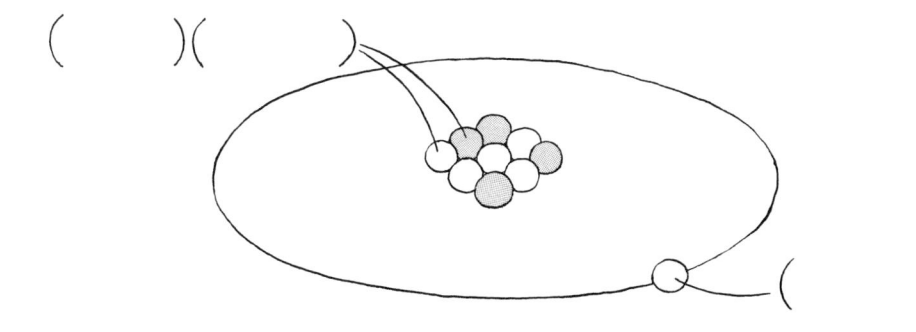

(　　)(　　)

(　　)

3) Choose appropriate definitions for protons, neutrons and electrons from the following:

protons 　　(a) negatively charged particles
neutrons 　　(b) uncharged elementary particles
electrons 　　(c) positively charged elementary particles

・・

【訳】
1) 次の文章の間違いを探してください。
　　原子はたんぱく質、神経細胞、電子から成り立っている。
2) 次の絵の中から、陽子、中性子、原子を選びなさい。
3) 次の中から、陽子、中性子、電子の定義としてふさわしいものを選びなさい。
　(a) 負の電荷を持つ分子
　(b) 電荷を持たない分子
　(c) 正の電荷を持つ分子

【正解】
　1) Atoms are made up of protons, neutrons and electrons.
　　protein「たんぱく質」、neurons「神経細胞」はいずれも原子の構造には関係ない。
　　proton と neutron の間違い。

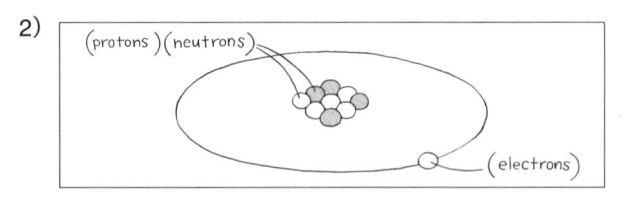

2)
(protons) (neutrons)
(electrons)

3) protons → (c) 　　neutrons → (b) 　　electrons → (a)

⑦ 夢

Dreams

TRACK…17

5th grade

Vocabulary

☐ have a natural tendency to 〜	〜する生来の傾向がある
☐ with clarity	はっきりと
☐ infrequency	低頻度で
☐ drift off to sleep	眠りにつく
☐ unconsciousness	無意識
☐ heart rate	心拍
☐ in a coma	こん睡状態の
☐ profound	深遠な
☐ phenomena	現象
☐ muscles	筋肉
☐ paralyzed	麻痺状態になる
☐ REM	レム期
☐ interpret	解釈する
☐ awareness	意識
☐ hazy	ぼんやりとした
☐ vague	漠然とした
☐ lucid	明晰な
☐ insight	考え
☐ inspiration	ひらめき、インスピレーション

Dreams ·· Science

Do you remember any dreams you had last night? Can you remember whom you were with, what you were doing or even what you were wearing? Some people have a natural tendency to recall their dreams with tremendous clarity. Other people remember their dreams with such infrequency that they think that they don't dream at all. The fact is, however, that everybody dreams.

There are five stages of sleep. When we first drift off to sleep, we enter a very light state of unconsciousness. This is stage one. We can be easily awakened from this stage by a sudden sound or movement. Stage two is a deeper sleep in which our heart rate and brain activity slow down dramatically. This process continues through stage three. Stage four is a very deep state of sleep similar to being in a coma. Although our bodies are in a profound state of unconsciousness at this point, we are still not yet dreaming. It is not until stage five that dreaming begins. Upon entering stage five, several very interesting phenomena occur. Our heart rate and brain activity suddenly increase and all of our muscles except one become completely paralyzed. The only muscle that remains functional is the eye muscle. Our eyes begin to move very quickly in stage five, often in sync with eye movements in our dreams. This is called rapid eye movement or REM for short. These five cycles repeat themselves throughout the night. The difference is that the duration of stage five becomes longer and longer with each cycle. Towards morning, stage five can last for almost an hour. This is why we dream the most just before waking up.

Scientists still do not know what dreams really are or what causes them. Some believe that they are no more than a process that our brain uses to throw away unnecessary information. Other people think that dreams are messages from our hearts and minds that show us our true feelings towards our problems and concerns. They think that this information is presented to us through contextual symbols that we can interpret to understand our deepest feelings.

There are many different levels of awareness in dreams. Some appear as just a hazy scene of vague images where we seem to be nothing more than an outside observer. At the other end of the spectrum is what is called lucid dreaming. In these dreams, the dreamer is fully aware that what he or she is seeing is a dream. The dreamer has complete control over his or her actions and can sometimes even change the surroundings or people in the dream at will. Experts say that with practice, all of us are capable of having lucid dreams. The secret is to ask ourselves often (even in our dreams!) if we are awake or if what we see around us is might actually be a dream.

There is no doubt that the world of dreams is a boundless universe where we have no limitations or restrictions. If we pay attention to them, dreams can teach us much about ourselves and they can provide us with very useful insight or creative inspiration. Since the average person spends over 20 years of his or her life asleep, it seems like a waste not to spend this time enjoying dreams and exploring the incredible worlds to which they allow us to travel.

Do you remember many of your dreams? Most people wake up and immediately start thinking of what they have to do that day. This often prevents us from remembering any dreams at all. Instead, remain lying in bed with your eyes closed for a few minutes after you start to wake up. Focus your thoughts on what you were just dreaming and you'll be surprised how much you can remember with a little practice. If you are already good at remembering your dreams, try challenging yourself to remember them in even more detail. What sounds, smells, tastes, and feelings did you experience?

[Practice]

Place the five stages of sleep listed below in the correct order.

1) This stage is the same as the previous stage where our heart rate and brain activity slow down dramatically
2) This is a light stage of unconsciousness where we can be easily awakened by sounds or movement
3) In this stage, eye movement increases and matches eye movement occurring in the dream
4) This is a deep state of consciousness similar to a coma
5) The body's heart rate and brain activity slow down dramatically

訳 夢

　昨日見た夢を思い出せますか。誰と一緒だったか、何をしていたか、自分が何を着ていたかなど覚えていますか。なかには生まれつき、自分の見た夢をかなりはっきりと覚えている人もいます。夢を覚えていることはまれで、夢をまったく見ないと思っている人もいるでしょう。しかし実際は、誰もが夢を見ているのです。

　睡眠には5つの段階があります。眠りに落ちたばかりの段階では、無意識という浅い眠りの状態です。これが第1段階です。この段階ではまだ、突然の音や動きを感じたりすると簡単に目が覚めてしまいます。第2段階はそれより深い眠りの状態で、心拍数や脳の活動が飛躍的に低下します。この過程は第3段階まで続きます。第4段階は非常に深い眠りで、こん睡状態に近くなります。この時点で身体は非常に深い無意識の状態にありますが、まだ夢は見ていません。第5段階になって初めて夢を見ます。第5段階に入ると、面白い現象がいくつか起こります。心拍数と脳の活動が急に活発になり、筋肉はある部分を除いてすべて麻痺します。唯一機能するのは眼球の筋肉です。第5段階では目が素早く動くようになり、夢の中の目の動きと同調していることがよくあります。これは急速眼球運動、またはレム（REM）と呼ばれます。この5つのサイクルが夜を通じて続くのです。サイクルが繰り返されるたびごとに、第5段階が長く続くようになります。朝が近づくと、第5段階の長さは1時間ほどにもなります。このために、起きる直前によく夢を見るということになるのです。

　夢とは一体何なのか、何が原因で夢を見るのかなどは、科学者たちにもまだわかっていません。なかには、夢というのは、脳が不必要になった情報を捨てるためのプロセスにすぎないと考える人もいます。また、夢は人間の心の内からのメッセージであり、その人の抱えている問題や心配事などに対する真実の気持ちを表しているのだという人もいます。そうした人たちは、その情報は夢

の中に出てくるイメージを通じて表現され、それを解読することで自分たちの最深層の気持ちを理解できるというのです。

夢のなかでの自覚のレベルは様々です。夢とは単にぼんやりしたイメージのおぼろげな場面であり、夢を見ている我々は単に外部の傍観者にすぎないというものもあります。そうかと思えば、明晰夢というのもあります。この場合、人は「夢を見ている」とはっきり自覚しています。また自分の行動にも完全な支配力を持っていて、ときには自分の意思で夢の環境や登場人物を変えることもできるのです。専門家によると、訓練を積むことで我々の誰もが明晰夢を見ることができるようになると言います。今は起きているのか、それとも自分の周りに見えているのは実は夢なのかもしれない、と自分自身に（夢のなかにあっても）よく問うことがその秘訣だと言います。

夢の世界は無限の世界であり、限界や制限などが存在しないということは確かです。夢に注意を払うことで、自分自身のことがよくわかり、非常に有益な洞察力や創造的インスピレーションが得られます。一生のうち寝ている時間の合計は 20 年にもなるのですから、そのあいだ夢を楽しんだり、その素晴らしい世界を探求したりしなければもったいないでしょう。

見た夢をよく覚えていますか。たいていの人は、目が覚めた途端に今日何をしなければならないかなどと考えはじめてしまいます。そうすると、夢を思い出すことなどまったくできなくなります。その代わり、目が覚めそうになっても目を閉じて数分ベッドに横たわったままでいてみてください。じっと気持ちをこらしてそれまで何を夢見ていたか考えれば、ほんの少しの訓練でどれほど夢を覚えていられるものか、驚くほどの結果が得られるでしょう。夢を覚えているのは得意だという人は、細かいところまで覚えていられるか挑戦してみてください。音や匂い、味や気持ちなど、どんな体験をしたのでしょうか。

【演習】

眠りの特徴を5段階の順番で並び替えてください。
1) 前段階と同様、心拍数と脳の活動が急激に減少する
2) 軽い無意識状態になるが、音や動きで目が覚める
3) 眼球の動きが夢の中と一致し盛んになる
4) こん睡状態に似た深い無意識状態にある
5) 心拍数と脳の活動が急激に減少する

【正解】

2) → 5) → 1) → 4) → 3)

8 体のしくみ

Anatomy

3rd grade

Vocabulary

☐ body	体
☐ brain	脳
☐ skull	頭蓋骨
☐ spinal cord	脊髄
☐ trachea	気管
☐ neuron	ニューロン
☐ carbon dioxide	二酸化炭素
☐ diaphragm	横隔膜
☐ inhale	吸入
☐ exhale	息を吐き出す
☐ stomach	胃
☐ esophagus	食道
☐ digest	消化する
☐ small intestine	小腸
☐ large intestine	大腸
☐ skin	皮膚
☐ wrinkle	しわ
☐ pore	毛穴
☐ skeleton	骨格

☐ bone	骨
☐ joint	関節
☐ cartilage	軟骨
☐ rib	肋骨
☐ nerve	神経
☐ nerve endings	末端神経
☐ nerve cells	神経細胞
☐ spine	脊椎
☐ organ	臓器

Follow the instructions below.

1. Think of an appropriate word to fill each blank below. Don't write anything in the parentheses yet.
2. Listen to the CD.
3. Read the text out loud. Practice until you are able to read the text fluently, including the parts with missing words.

My Brain   TRACK…18

My brain (   ) hard. It is like a computer that (   ) my questions and (   ) messages all over my body.

My brain (   ) wrinkled, like a walnut shell. It will (   ) between two and three pounds when I am an adult. My brain is very (   ) and soft. It needs to be (   ). My brain is protected by a very hard bone called my (   ). If I touch the top of my head, I can feel my (   ). And, my brain is under my (   ).

I have many (   ) in my brain. My (   ) are like little telephone lines that send messages all over my body. Some of these messages (   ) to my body through my (   ) cord. Messages from my brain move very quickly through my body. They move faster than I can (   ) my eyes!

My brain keeps my heart (   )ing and my lungs (   )ing. It (   ) me move. My brain makes me think and helps me remember things.

My brain helps me talk, write, see, smell, hear, and do many other things. It even helps keep me from falling down as much as possible!

My brain (   ) hard for me.

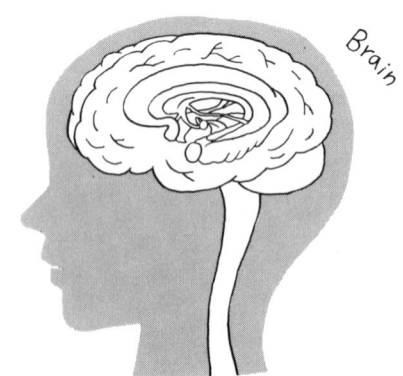

My Stomach TRACK…19

My stomach is like a stretchy bag that (   ) my food after I eat. My stomach also helps to (   ) my food into smaller pieces so my body can use it.

About ten seconds after I (   ) food, it (   ) my stomach. My food (   ) my stomach through a (   ) called my esophagus. Little (   ) in my stomach make special (   ) that are waiting for my food. Once my food (   ) my stomach, my muscles move the (   ) of my stomach. My stomach (   ) my food the way a baker kneads dough for bread! My food gets (   ) and stirred with the special juices. The juices and the mashing help to break my food into smaller pieces, or "(   )" it.

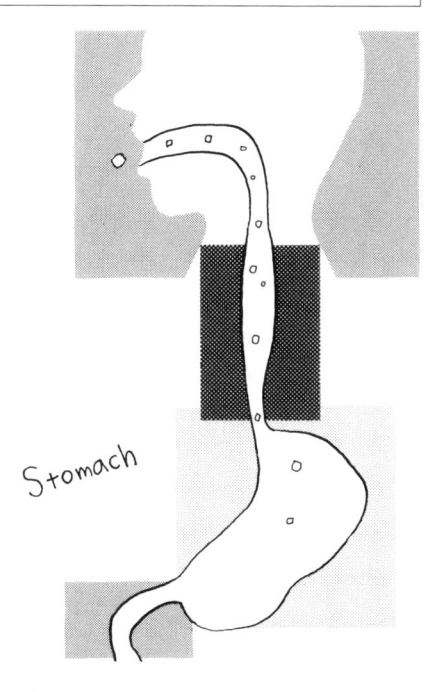

My stomach has a door in it that closes to (   ) food inside. My stomach (   ) food inside to work (   ) for a few hours. My stomach can (   ) out to hold almost two quarts of food!

When my stomach has (   ) my food as much as it can, the door opens and my food travels into my small (   ).

When my stomach is empty, it (   ) like a balloon without air!

My stomach is a stretchy storage tank!

My Skin 　　　　　　　　　　　　　　TRACK···20

　My skin is a very large (　　). It (　　) every inch of my body. When I am an adult, I will have about seven (　　) of skin!

　My skin is a cover for my body. It is (　　) and strong. Most of the time my skin keeps my body from getting (　　). If I do get (　　), and my skin is cut or (　　), my body can make new skin to (　　) its place. My skin is growing all the time.

　If I (　　) closely at my skin, I can see many things. I can see hairs. I can see wrinkles. I can also see tiny holes called (　　). My (　　) let water from inside my body (　　) out on my skin. This water is called (　　). My body gets (　　) of liquid waste by sweating through my pores. Sweat also helps to keep my body from (　　)ting too hot or too cold.

　I have many (　　) endings in my skin. These (　　) endings send messages to my brain. I can (　　) different things because of these (　　) endings. I can feel heat and cold. I can feel pain. And – I can feel touch, like when I (　　) hugged!

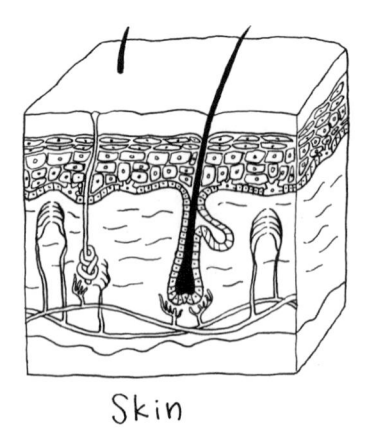

Skin

My Skeleton 🔊 TRACK…21

My skeleton is the (　　　) for all my body. It is like the strong boards that make the (　　) for a house.

My skeleton is made (　　) of bones. My bones are hard and they do not (　　) very much. When I was a baby, my bones were soft. Now, as I am getting older, my bones are getting harder and harder. My bones (　　) as I (　　). I have 206 bones, and many of them will grow this year!

My bones (　　) my body its shape. If I did not have my bones, I would (　　) like rubber!

My bones are (　　) together at places called (　　). My (　　) are made strong by tough tissue called (　　). My joints are lined with something called cartilage. My cartilage acts like a pad that keeps my bones from (　　) into each other. My joints let me (　　) my bones. (My knee lets my leg bend!)

My body also makes (　　) new cells inside some of my bones.

My bones (　　) organs inside my body, too. My skull (　　) my fragile, soft brain. If I touch my chest, I can feel my (　　). My (　　) are the bones that (　　) my heart and lungs and protect them.

My skeleton does many things for me!

My Nerves   TRACK…22

How do my nerves work? My nerves are (   ) by electricity! (I'm glad I don't have to be (   ) into a wall!) When the doorbell (   ), the sound (   ) in my ears. An electrical charge (   ) along a path of my nerves to my brain. My brain tells me the doorbell is ringing. It sends the (   ) to my muscles. They (   ) me to the door.

I have billions of nerve (   ). They start from all parts of my body. Most of them go up my (   ). They go to my brain. Half of them send messages to my brain. The others (   ) the message from my brain to the (   ) and other parts of my body. Then they (   ) into action.

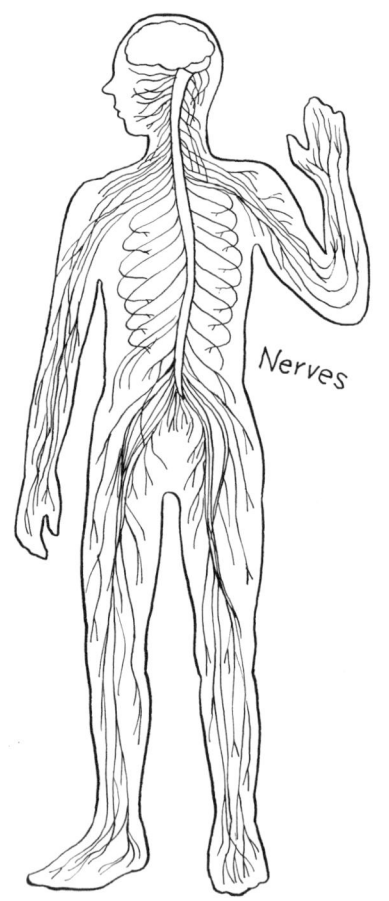

Nerves

【訳】

次の手順で演習をおこなってください。
　①空欄にふさわしい単語を考えてください。その際、括弧の中に何も書き込まないでください。
　② CD を聴きましょう。
　③テキストを音読しましょう。空欄にきても、スラスラ言えるようになるまで練習してください。

My Brain

　My brain **works** hard. It is like a computer that **answers** my questions and **sends** messages all over my body.

　My brain **looks** wrinkled, like a walnut shell. It will **weigh** between two and three pounds when I am an adult. My brain is very **fragile** and soft. It needs to be **protected**. My brain is protected by a very hard bone called my **skull**. If I touch the top of my head, I can feel my **skull**. And, my brain is under my **skull**.

　I have many **nerves** in my brain. My **nerves** are like little telephone lines that send messages all over my body. Some of these messages **go** to my body through my **spinal** cord. Messages from my brain move very quickly through my body. They move faster than I can **blink** my eyes!

　My brain keeps my heart **beat**ing and my lungs **breath**ing. It **makes** me move. My brain makes me think and helps me remember things.

　My brain helps me talk, write, see, smell, hear, and do many other things. It even helps keep me from falling down as much as I possible!

　My brain **works** hard for me.

脳

　脳ははたらき者です。コンピュータのように、私の質問に答え、体のすみずみまでメッセージを送ります。

　脳にはしわが寄っていて、クルミの殻のように見えます。私が大人になったら脳の重さは約 2 ポンドから 3 ポンドになります。脳はとても軟らかく壊れやすいので、守ってあげる必要があります。そこで脳は頭蓋骨というとても硬

い骨で守られています。頭のてっぺんを触ってみると、頭蓋骨の硬さを感じることができます。脳は、その頭蓋骨の下にあるのです。

　脳には神経がたくさん集まっています。神経は小さな電話線のようなもので、メッセージを体のすみずみにまで送っています。こうしたメッセージのなかには脊髄を通って体に運ばれるものもあります。脳からのメッセージが体にゆきわたる速度はとても速いのです。まばたきひとつするよりも速いスピードです。

　脳のおかげで心臓は動き続け、肺は呼吸をしています。脳が私を動かしているのです。脳のおかげで私はものを考え、何かを覚えておくことができるのです。

　脳のおかげで私は話したり書いたり、見たり匂いをかいだり、聞いたり、そのほかたくさんの事柄ができます。できるだけ転ばないようにと助けてくれるのも、脳のはたらきなのです。

　脳は私のために一生懸命はたらいてくれています。

My Stomach

　My stomach is like a stretchy bag that **holds** my food after I eat. My stomach also helps to **break** my food into smaller pieces so my body can use it.

　About ten seconds after I **swallow** food, it **reaches** my stomach. My food **reaches** my stomach through a **tube** called my esophagus. Little **glands** in my stomach make special **juices** that are waiting for my food. Once my food **enters** my stomach, my muscles move the **walls** of my stomach. My stomach **mashes** my food the way a baker kneads dough for bread! My food gets **mashed** and stirred with the special juices. The juices and the mashing help to break my food into smaller pieces, or "**digest**" it.

　My stomach has a door in it that closes to **keep** food inside. My stomach **keeps** food inside to work **on** for a few hours. My stomach can **stretch** out to hold almost two quarts of food!

　When my stomach has **digested** my food as much as it can, the door opens and my food travels into my small **intestine**.

　When my stomach is empty, it **shrinks** like a balloon without air!

　My stomach is a stretchy storage tank!

> 胃

　胃は私がものを食べたあとに食べ物が入っていく、伸び縮みする袋のようなものです。胃は食べ物を小さくして体が使いやすいようにしてくれます。

　私が食べ物を飲みこんでから約 10 秒後に胃に到着します。食べ物が胃に行くまでには食道と呼ばれる管を通ります。胃のなかに小さな腺があり、特殊な分泌液を作って食べ物の到着を待っています。食べ物が胃に入ると、筋肉が胃の壁を動かします。胃が食べ物をすりつぶすやり方は、ちょうどパンをこねるやり方と似ています。食べ物はすりつぶされ、特殊な分泌液と混ぜ合わされます。分泌液が混ざり、すりつぶされることで、食べ物は小さくなり「消化」されます。

　胃には扉がついていて、食べ物を胃のなかにとどめておけるようになっています。食べ物が胃の中にとどまっているのは 2、3 時間ほどです。胃は伸び縮みするので、2 クオーツほどの食べ物を入れておくことができます。

　胃ができるかぎり食べ物を消化できたら、扉が開いて食べ物は小腸へと送られます。

　胃が空っぽになると、空気のなくなった風船のようにしぼみます。

　胃は伸び縮み自在の貯蔵タンクなのです。

My Skin

　My skin is a very large **organ**. It **covers** every inch of my body. When I am an adult, I will have about seven **pounds** of skin!

　My skin is a cover for my body. It is **thick** and strong. Most of the time my skin keeps my body from getting **hurt**. If I do get **hurt**, and my skin is cut or **scraped**, my body can make new skin to **take** its place. My skin is growing all the time.

　If I **look** closely at my skin, I can see many things. I can see hairs. I can see wrinkles. I can also see tiny holes called **pores**. My **pores** let water from inside my body **come** out on my skin. This water is called **sweat**. My body gets **rid** of liquid waste by sweating through my pores. Sweat also helps to keep my body from **get**ting too hot or too cold.

I have many **nerve** endings in my skin. These **nerve** endings send messages to my brain. I can **feel** different things because of these **nerve** endings. I can feel heat and cold. I can feel pain. And – I can feel touch, like when I **get** hugged!

> 皮膚

皮膚はとても大きな器官です。私の体のあらゆる部分を覆っています。私が大人になったら、皮膚の重さは全体で約7ポンドにもなります。

皮膚は体を覆うためのもので、厚みがあり丈夫にできています。たいていの場合、皮膚は体が損傷を受けるのを防ぐはたらきをします。怪我をしたときは、皮膚が破れはがれてしまいますが、そこにはまた新しい皮膚が作られます。皮膚は常に新しく生まれ変わっているのです。

皮膚をくわしく見てみると、いろいろなものが見えます。毛があります。しわもあります。毛穴と呼ばれるごく小さな穴も見えます。毛穴のおかげで、水分が体内から皮膚の上に出られます。水分は汗と呼ばれます。体は毛穴を通じていらない水分を汗として排出しています。汗を出すことで、体が熱くなりすぎたり寒くなりすぎたりすることを防いでいます。

皮膚にはまた末端神経が多くあります。こうした末端神経から脳にメッセージが送られます。いろいろなものを感じることができるのは、この末端神経があるおかげなのです。熱さや冷たさ、痛みも感じることができます。また、抱きしめられたときのように、触った感じもわかります。

My Skeleton

My skeleton is the **framework** for all my body. It is like the strong boards that make the **framework** for a house.

My skeleton is made **up** of bones. My bones are hard and they do not **weigh** very much. When I was a baby, my bones were soft. Now, as I am getting older, my bones are getting harder and harder. My bones **grow** as I **grow**. I have 206 bones, and many of them will grow this year!

My bones **give** my body its shape. If I did not have my bones, I would **bend** like rubber!

My bones are **joined** together at places called **joints**. My **joints** are made strong by tough tissue called **ligaments**. My joints are lined with something called cartilage. My cartilage acts like a pad that keeps my bones from **crashing** into each other. My joints let me **move** my bones. (My knee lets my leg bend!)

My body also makes **brand** new cells inside some of my bones.

My bones **protect** organs inside my body, too. My skull **protects** my fragile, soft brain. If I touch my chest, I can feel my **ribs**. My **ribs** are the bones that **cover** my heart and lungs and protect them.

My skeleton does many things for me!

骨格

骨格とは体全体の骨組みのことです。ちょうど、家を作るときの枠組みとなる、丈夫な柱のようなものです。

骨格はたくさんの骨から成り立っています。骨は丈夫ですが重さはそれほど重くありません。赤ん坊の骨はまだ軟らかいままです。大きくなるにつれて、骨はどんどん硬くなっていきます。骨は年齢が上がるにつれて成長するのです。体には206本の骨があり、そのほとんどがこの1年間にも成長します。

骨があることで体の形が成り立っています。骨がなければ、ゴムみたいに体を曲げることもできるでしょう。

骨は関節と呼ばれる場所でつながっています。関節は、じん帯と呼ばれる丈夫な組織によって補強されています。関節は、軟骨と呼ばれるもので覆われています。軟骨は、骨と骨がぶつかりあうのを防ぐためのクッションの役割を果たします。関節があることで、骨を動かすことができます（膝のおかげで足が曲げられるのです）。

骨のなかには、その内部に新しい細胞が作られているものもあります。

骨はまた、体の内部の臓器を守っています。頭蓋骨は柔らかく壊れやすい脳を守っています。胸を触ってみると、肋骨があるのがわかります。肋骨は、心臓や肺を覆い守るためにあります。

骨格にはいろいろなはたらきがあります。

My Nerves

How do my nerves work? My nerves are **run** by electricity! (I'm glad I don't have to be **plugged** into a wall!) When the doorbell **rings**, the sound **goes** in my ears. An electrical charge **goes** along a path of my nerves to my brain. My brain tells me the doorbell is ringing. It sends the **message** to my muscles. They **move** me to the door.

I have billions of nerve **cells**. They start from all parts of my body. Most of them go up my **spine**. They go to my brain. Half of them send messages to my brain. The others **take** the message from my brain to the **muscles** and other parts of my body. Then they **go** into action.

神経

神経はどのように動くのでしょうか。神経は電気で動いています（でも壁にあるコンセントに差し込まなくてもいいのでよかったです）。ドアの呼び鈴が鳴れば、その音が耳に届きます。電荷が神経の通り道を伝って脳に届きます。脳が「ドアの呼び鈴が鳴った」ことを私に知らせます。筋肉にメッセージが送られ、私はドアへと歩き始めます。

体には何十億もの神経細胞があります。体のどの部分にもはじまりの部分があります。そのほとんどが脊椎へと集まっています。神経は脳につながっています。そのうちの半分が脳にメッセージを運ぶ役、そのほかが脳からメッセージを受け取って筋肉やそのほかの体の部位に運びます。そして筋肉が行動に移るのです。

⑨ 遺伝学
Genetics

TRACK…23

5th grade

Vocabulary

□ wonder	不思議に思う
□ look alike	似ている
□ eye color	目の色
□ puppy	子犬
□ genetics	遺伝学
□ cells	細胞
□ living things	生命体、生物
□ strand	らせん構造
□ proteins	たんぱく質
□ genes	遺伝子
□ blueprint	青写真、設計図
□ is unique to ~	~に特有の
□ organism	組織体
□ kittens	子猫
□ have differences in ~	~に相違がある
□ chains	くさり
□ chromosomes	染色体
□ exception	例外
□ identical twins	一卵性双生児
□ makeup	構成

☐ inherited	受け継ぐ
☐ species	種
☐ genome	ゲノム
☐ identified	同定する
☐ involved	巻き込む
☐ determine	決定する
☐ sequence	配列順序
☐ countless	数え切れない
☐ get certain diseases	特定の疾病にかかる
☐ passed down genetically	遺伝的に受け継ぐ
☐ transfer	（知識を）伝達する
☐ resistant to 〜	〜に抵抗力のある
☐ climate changes	気候変動
☐ completion	完了
☐ milestone	画期的事柄
☐ see the tip of the iceberg	氷山の一角を見る
☐ function	機能する
☐ are bound to 〜	〜になるだろう

Genetics······Science

Have you ever wondered why brothers and sisters look alike, or why children often have the same eye color as one of both of their parents? Why does a puppy grow up to look like a dog and not a rabbit? Why are people born with ten fingers and not more or fewer? These mysteries are explained by the science of genetics.

The cells of all living things contain something called DNA. This is a strand of proteins that makes up genes, which can be thought of as the blueprint for life. The human body contains over 100 trillion cells, and each cell includes a copy of this genetic blueprint. The genes in a cell tell it how to grow and what kind of cell to become. By following the genetic code of a human being, all of our cells know just how to grow and fit together with other cells so that the entire product is a human being. Every plant and animal has its own set of basic genetic data that is unique to that organism. That is why puppies grow up to be dogs and not kittens or birds.

Even though all humans have the same basic genetic blueprint, which gives us all one head, two eyes, two ears and a nose, we also have differences in our genetic code. Very long chains of DNA exist within each one of our cells. These chains are called chromosomes. Although all healthy human beings have 46 chromosomes, the information within your chromosomes is unique to you. This is why no two people in the world look exactly alike. The only exception to this is identical twins, wbo have the exact same DNA makeup. Before you were born, you inherited 23 chromosomes from your mother and 23 from your father. Because of this, you look like your mother in some ways and your father in others.

All of the genes in a certain species of a plant or an animal are called its genome. In 2003, scientists from around the world working on the Human Genome Research Project identified and mapped out all of the human genes. This project took well over ten years to complete and involved determining the sequence of the 3.2 billion basic units of DNA found in human beings. The possible benefits of this project are countless. First of all, scientists hope to use this information to better understand why some people are more likely to get certain diseases, such as cancer, than other people. They also hope to learn how to prevent these kinds of diseases from being passed down genetically. They hope to also transfer what they have learned to better understand plants and how they grow. This could lead to growing healthier crops that are more resistant to disease and climate changes.

Although the completion of the Human Genome Research Project was a major milestone in the history of genetics, we are still only seeing the tip of the iceberg in terms of understanding how our bodies function on a genetic level. The next few decades in genetics are bound to be very exciting!

[Practice]

Look at the figure below and fill in the appropriate word for each part of the diagram.

1) chains of DNA
2) chromosome
3) bases in DNA

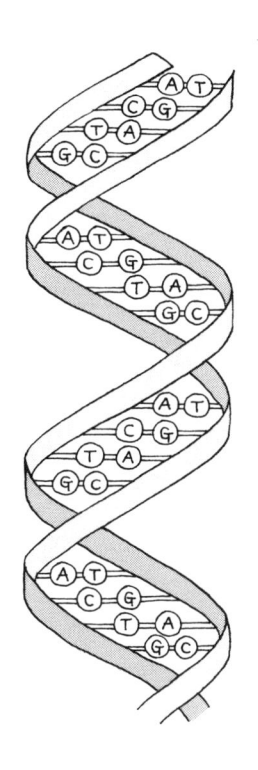

訳 遺伝学

　なぜ、兄弟姉妹は似ているのかとか、子供がどちらか一方または両方の親と同じ目の色をしているのはどうしてなのかと、考えたことはありますか。また、子犬が成長するとちゃんと犬になりウサギにならないのはどうしてでしょうか。人間には生まれつき指が10本ありますが、その数が多かったり少なかったりしないのはなぜでしょう。こうした疑問は、遺伝学によって解き明かされます。

　すべての生物の細胞には、DNAと呼ばれるものが含まれています。このタンパク質のらせん構造が、生命の設計図とも言うべき遺伝子を構成しています。人間の身体には100兆個以上もの細胞があり、そのそれぞれがこの遺伝子青写真の複製を持っています。細胞内の遺伝子は、それぞれの細胞にどのように成長し、どのような細胞になるべきかを伝えます。人間の遺伝情報に従うことで、細胞すべてが、どのようにして成長し他の細胞とどのように互いに納まるべきかを理解し、結果としてその全体が人間として成長するのです。どの動植物も、その生物に独自の基本的な遺伝子データを持っています。だからこそ、子犬は猫や鳥などにはならず、きちんと犬に成長するのです。

　人間は皆が同じような基本的遺伝子データを持っており、頭は1つ、目は2つ、耳が2つに鼻が1つというふうになるのですが、遺伝子情報のなかにそれぞれ異なるものも持っています。細胞の1つ1つに、DNAの長いくさりが存在しています。これは染色体と呼ばれています。健康な人であれば46の染色体を持っているのですが、染色体のなかの情報は、それぞれの個体により異なります。そのために、世界にまったく同じ人は存在しないことになります。この唯一の例外が一卵性双生児で、その場合はまったく同じDNA構造を持っています。人間は生まれる前に、お母さんとお父さんからそれぞれ23ずつの染色体を受け継いでいます。そのため、お母さんに似ているところとお父さんに似ているところが出てくるのです。

ある種の動植物の遺伝子すべてを、ゲノムと呼びます。2003年、世界各地の研究者が集まりヒトゲノム研究計画を推進、ヒトゲノムのすべてを発見し図示しました。この計画は完成までにゆうに10年以上もの時間を費やし、人間の身体に存在するDNAの32億もの塩基対を測定したことになります。この計画が完成したことで得られるメリットは計り知れないものがあります。まず、この情報を用いて、ガンなどある種の病気は、ほかの人に比べてなぜ一部の人がかかりやすいのかを解明しようと、科学者は期待を寄せています。また、この種の病気が次世代に遺伝しないよう食い止める方法も見出せるのではないかと期待しています。植物に関しても、よりよく理解し育てるために、知り得たことを用いたいと考えています。それが実現すれば、病害や気候の変動に強い、健康な作物を育てることができるようになります。

　ヒトゲノム研究計画の完成は、遺伝子学の歴史上、画期的な出来事ですが、遺伝子のレベルで人間の身体がどのように機能しているのかを理解するという観点から見れば、まだまだ氷山の一角を見出したにすぎません。今後数十年間、遺伝子学という分野は非常に面白いものとなるでしょう。

●●

【演習】

次の図を見て、各部位にふさわしい言葉を選んでください。

1) 二重らせん構造をした DNA
2) らせんの１本
3) らせん上を走る塩基

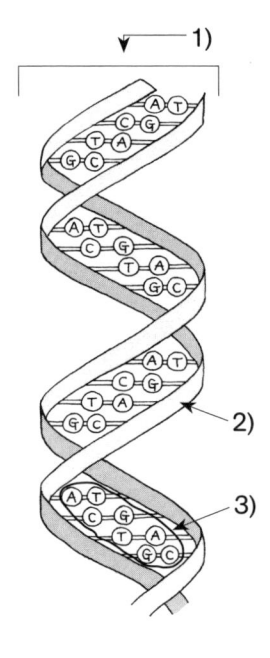

【正解】

⑩ 近代科学技術
Modern Technology

TRACK…24　4th grade

Vocabulary

☐ countless	数え切れないほどの
☐ electronic gadgets	電子のおもちゃ
☐ surrounded by ～	～に取り囲まれた
☐ span	広がり、スパン
☐ marvelous	すばらしい
☐ tidbit of information	ちょっとした情報
☐ encyclopedia	百科事典
☐ volume	冊（巻）
☐ reference books	参考書
☐ constantly	常に
☐ public libraries	公共図書館
☐ scouring	探す
☐ relic	遺物
☐ stimulate	刺激を与える
☐ washing machine	洗濯機
☐ dryer	乾燥機
☐ microwave oven	電子レンジ
☐ wring	絞る
☐ old-fashioned way	古いやり方
☐ cozy	居心地のよい

Modern Technology ··················· Science

Can you imagine life without TVs, computers, the Internet, PlayStation or any of the countless electronic gadgets found in most people's homes these days? It is amazing to think that human beings have been living on Earth for some 500,000 years, yet we have been living in a world surrounded by technology for only about the last 50 years. If we compared the entire span of human existence on Earth to the life of a 100-year-old person, that would be like discovering technology just 3 1/2 days before our 100th birthday!

So how did we manage to live without all of these marvelous electronic devices? Although it is possible now to find almost any tidbit of information in just a few minutes or less using the Internet, tasks such as these required a lot more effort just ten years ago. It was common for people to have at least one set of encyclopedias at home, which often contained more than 20 volumes. These reference books contained information on just about any subject. But, since information is constantly changing, it was necessary to buy new encyclopedias every few years, which was very expensive. Otherwise, people would sometimes spend hours at public libraries scouring books and journals to find the information they were hunting. Now, in the age of the Internet, encyclopedias have become nothing more than a relic of the past.

The average American spends over four hours per day watching TV. That is over 100,000 hours in a normal lifetime! So what did people do before the invention of TV? First of all, reading was much more popular then than it is now. Most people today read far fewer books than people did before TV was invented. Reading stimulates our minds and helps us expand our imaginations. It also helps us build strong language skills. Some scholars say that because people read so much less today than they did 100 years ago, our language skills are actually becoming worse as time goes on.

There are so many other electronic conveniences in our homes today that we take for granted. Could you imagine what life would be like without a washing machine and dryer, a microwave oven, or even an electric stove for that matter? One hundred years ago, people had to wash all of their clothes by hand, wring them out piece by piece, and then hang them up to dry. They had to chop wood and build fires just to cook dinner. Life then was certainly nothing like the convenient lives we lead today! But, more convenience doesn't always mean better. In fact, some people think that simple is best and that the old-fashioned ways of life are more enjoyable. Why not experience this at home with your family by spending just one night every week without using any modern electronics for entertainment — no TV, no DVDs, no Game Boy, no Internet. Instead, you could sit together in front of a cozy fire or by candlelight and tell stories or read a good book just like people did in the olden days. Try it!

[Practice]

1) What is the author referring to in using the analogy of 3 1/2 days?
   a. The lifespan of technology
   b. The time between the appearance of technology and now
   c. The time between the birth and demise of technology
   d. The number of days until the 100th birthday of technology

2) Which of the following is not true of reading?
   a. It stimulates the brain
   b. It increases the power of the imagination
   c. It improves linguistic skills
   d. It stops people from watching TV

3) Which of the following does the author recommend?
   a. Trying out old things
   b. Spending less time playing Game Boy
   c. Spending quality time with your family without using electricity
   d. Trying to do laundry by hand without using a washer and dryer

訳 近代科学技術

　テレビやコンピュータ、インターネットにプレイステーション、そのほか今日の一般家庭でよく見られる数々の電気製品がない生活がどんなものか、想像がつきますか。人間が地上に現れて以来 50 万年になりますが、科学技術に囲まれた生活は、たかだかこの 50 年に過ぎません。人間が地上に登場してから今までの年月を、100 歳の人間の一生に置きかえると、科学技術の発見は、100 歳の誕生日を迎えるたった 3 日半前ということになります。

　それではこうした素晴らしい電気機器なしに、これまでどうやって暮らしてきたのでしょう。現在ではちょっとした情報を探し出すのに、インターネットを使えばほんの数分、ときにはそれ以下で見つかりますが、10 年前まではこんなことですら大変な苦労を要したものでした。家には 20 巻以上もある百科事典を少なくとも一揃い常備しているのが普通でした。こうした参考書には、様々な内容に関する情報が含まれていました。しかし情報というものは常に変化しています。ですから百科事典は数年に一度買い替えが必要で、費用は高くつきました。さもなければ、公共図書館で何時間も、探し求める情報を見つけるまで何冊もの本や雑誌を読まなければなりませんでした。インターネット時代の今となっては、百科事典はもはや過去の遺物でしかありません。

　平均的なアメリカ人は、1 日 4 時間以上もテレビを見ています。これはふつうの人の生涯のうち、10 万時間もの長さになります。それではテレビが発明される前、人々は何をしていたのでしょうか。まず、今よりもずっと読書をしていました。テレビが発明される前に比べると、今の大多数の人々が読む本の数は、かなり少なくなっています。読書することで頭脳が刺激され、想像力を養うことができます。また言語能力を強化するのにも役立ちます。学者のなかには、100 年前に比べて読書をしなくなったため、今の人々の言語能力は時が経つにつれ実際に衰えているという人もいます。

　今日私たちが当たり前と思っている家庭内の便利な道具は、ほかにもまだた

くさんあります。洗濯機や乾燥機、電子レンジに、それこそ電熱器がない生活が想像できますか。100年前まで、衣服はすべて手洗い、一つずつ絞って干さなければなりませんでした。夕食を準備するだけでも、薪割りをして火をおこさなければなりませんでした。当時の生活は、現在の便利な生活とはまったく違ったものでした。しかし、便利になればなるほどよいというものではありません。実際、シンプルイズベスト、昔ながらの生活のほうが楽しいと考える人もいます。毎週1日だけ、娯楽のための電気製品を使わない生活を家族と過ごしてみてはどうでしょうか。テレビやDVD、ゲームボーイやインターネットなどは使用禁止です。その代わり、昔の人がやっていたように、居心地のよい暖炉のそばやロウソクの明かりのもとに座り、お話をしたりよい本を読んだりするのです。ぜひやってみてください。

【演習】

1) 3日と半日とは、何を言うために使われているのでしょうか。
   a. 技術の寿命
   b. 技術の登場から現在まで
   c. 技術の誕生から滅亡するまで
   d. 技術が100歳になるまでの日数

2) 読書の影響として正しくないものを次の中から選んでください。
   a. 脳を刺激する
   b. 想像力を高める
   c. 言語能力を向上させる
   d. テレビを見なくさせる

3) 著者の勧めとしてふさわしいものを次の中から選んでください。
   a. 古いものを試す
   b. ゲームボーイの使用時間を減らす
   c. 電気を使わず、家族が団欒を過ごす
   d. 洗濯機や乾燥機を使わずに、手で洗濯をしてみる

【正解】

1) b　　2) d　　3) c

⑪ 再生可能エネルギー
Renewable Energy

TRACK…25
5th grade

Vocabulary

☐ electricity	電気
☐ natural gas	天然ガス
☐ fossil fuels	化石燃料
☐ crust	地殻
☐ run out	無くなる
☐ catastrophe	異常事態
☐ are exhausted	枯渇する
☐ hydroelectric	水力電気
☐ solar power	太陽電気
☐ geothermal energy	地熱エネルギー
☐ biomass	バイオマス
☐ capture	つかまえる
☐ windmills	風車
☐ harness	集める
☐ reservoir	貯水池
☐ gravity	重力
☐ turbines	タービン
☐ are converted into ~	~に変わる
☐ switch to ~	~に切り替える
☐ deplete	枯渇する

Renewable Energy········Science

Quickly scan the text to determine which types of renewable energy are described and the order in which they are described. There is not time to read the entire text – the time limit is 20 seconds.

Almost everything around us requires some form of energy – the gasoline to run our cars and trucks, electricity to light our homes, and natural gas to heat our water for a nice hot shower. Most of the energy we use today comes from what are called fossil fuels. The most common fossil fuels are coal, oil and natural gas. All of these sources of energy have existed within the earth's crust for millions of years. But, these resources are limited and will eventually run out. How can we prevent a catastrophe the day these fuel sources are exhausted? The answer to this question lies in the use of what are called renewable sources of energy. Some examples of these are wind power, hydroelectric power, solar power, geothermal energy, and biomass.

If you have ever ridden on a sailboat then you have experienced wind power in action. When the sun heats the air in the atmosphere and causes some parts to become hotter than others, the hotter air rises, and this movement creates wind. As long as there is air around us and the sun continues to shine, we will have wind. So, wind power is an energy source that will never run out no matter how much we use. The most common way to capture wind is to create electricity through the use of windmills. If you have ever driven from Los Angeles to Palm Springs in California, you probably saw what is called a wind farm. This is where hundreds of windmills are built in a very windy area to harness as much wind as possible.

What is hydroelectric power? "Hydro" means water, so it is energy that is created from flowing water. If you have ever been to a large dam, such as Hoover Dam or Glen Canyon Dam, you have seen hydroelectric power at work. At a dam, the water of a river is blocked and stored in a reservoir. The water from the reservoir is slowly released through the dam and into the river below. The power of gravity and the pressure from the vast amounts of water built up in the reservoir force the water through turbines as it passes through the dam. The basic concept is very similar to a windmill except that water is making the turbine wheels spin instead of wind. The motion of the spinning turbines is then converted into electricity from this clean and renewable source.

Another natural form of energy that is much newer than wind or hydroelectric power is solar power. The word "solar" refers to the sun, so solar power is made by capturing heat and light from the sun. This heat from the sun can be used to warm homes and heat water, and the light from the sun can be used to create electricity. Some homes in locations that are very sunny have solar panels on their roofs. These panels heat water during the daytime, which is then stored for use later. Other types of solar panels are used to create electricity. These can also be found on some houses, but they are more commonly used in small electronic devices, such as solar calculators.

There are other forms of renewable energy. Some are derived from heat within the earth (geothermal) and some even come from plants (biomass). It took millions of years for fossil fuels such as coal and natural gas to form within the earth. But, at the rate we are going now, it will take only a few hundred years for human beings to deplete all of these natural sources of energy. Switching to renewable energy sources will allow us to save our natural resources before they run out. Another benefit of renewable energy sources is that they are clean, unlike burning coal and oil. So you can see that the advantages of renewable energy are as endless as the resources themselves.

訳 再生可能エネルギー

　どのような種類の代替エネルギーがどのような順番で説明されているかを速読で読み取ってください。全体を読んでいる時間はありません。時間制限は20秒です。

　私たちの周りにあるほとんどすべてのものが、何らかの形のエネルギーを必要としています。車やトラックを動かすためのガソリン、家の灯りをつけるための電気、熱いシャワーのためのお湯を沸かす天然ガスなどです。現在、私たちが使っているエネルギーのほとんどは、化石燃料と呼ばれるものから得られています。化石燃料のなかでもよく使われているのは、石炭や石油、天然ガスです。こうしたエネルギー源は地殻内部に何百万年も存在してきました。しかしこうした資源は限りあるもので、いつかは枯渇します。どうすれば、これら資源が枯渇してしまったときに破滅を防げるでしょうか。これに対する答えは、再生可能なエネルギー源です。風力や水力発電、太陽発電に地熱エネルギー、バイオマスなどがあります。

　ヨットに乗ったことがある人は、風力がどのように作用するのか、既に体験済みでしょう。太陽が大気圏内の空気を熱し、ある部分の空気が他の部分より熱くなると、熱くなった空気が上昇し、この動きによって風が生じます。私たちの周りに空気があり、太陽が照り続ける限り、風はなくなりません。ですから、どれほど使ったとしても風力はなくなることがないエネルギー源なのです。発電のために風を集める最も一般的な方法は、風車を用いるものです。カリフォルニア州のロサンゼルスからパーム・スプリングスまで車で通ったことがある人は、いわゆる風力発電地帯を目にしたことがあるでしょう。風の強いこの場所から、できる限りの風を集めて役立てようと、何百という風車が建っています。

　水力発電とは何でしょうか。「hydro」というのは「水」という意味ですから、

流れる水から作り出されたエネルギーということになります。フーバー・ダムやグレンキャニオン・ダムなど大きなダムに行ったことがあれば、水力発電が作動中の様子を見たことがあるはずです。ダムでは、川の水がせき止められ貯水池にためられます。貯水池の水はゆっくりとダムを通じて下の川に放たれます。ダムを通る際に、重力と貯水池にためられた大量の水容量から来る圧力で、水はタービンを通ることを強いられます。基本的なコンセプトは風力発電によく似ていますが、違うところは、タービンホイールを回すのが風ではなく水だというところです。汚染の起きない再生可能なこのエネルギーのおかげで、タービンの回転が電気に変わるのです。

　風力や水力発電よりずっと最近になって登場した天然エネルギーとして、太陽発電があります。「solar」とは太陽を意味し、太陽発電とは太陽の熱や光を集めて作られる熱源のことです。太陽熱は家屋の暖房やお湯を沸かすのに用いられ、太陽の光は電気を作るのに用いられます。日当たりの非常によい場所にある家々は、屋根にソーラーパネルが設置されています。こうしたパネルによって日中にお湯を沸かしておき、後で使うために保存します。ソーラーパネルのなかには電気を起こすタイプのものもあります。これは家に使われている場合もありますが、主としてもっと小さな電気装置、たとえば太陽電池計算機などによく用いられています。

　再生可能なエネルギーはほかにもまだあります。地面の熱（地熱）を用いるものや、植物（バイオマス）を用いるものもあります。石炭や天然ガスなど化石燃料が地中に形成されるまでには、何百万年という時間がかかりました。しかし今のペースでいけば、人類はあと数百年でこれらの天然エネルギー源を使い果たしてしまうことになります。再生可能なエネルギーに切り替えれば、天然エネルギー源が枯渇してしまう前に節約することができます。再生可能なエネルギーのもう1つの利点は、石炭や石油を燃やすときとは異なり、汚染を引き起こさないことが挙げられます。再生可能なエネルギーの利点は、その資源そのものの性質と同様、くめども尽きぬと言えるでしょう。

【正解】

第2段落	風
第3段落	水
第4段落	太陽
第5段落	そのほか

通常、各段落の最初の文章がトピックを紹介している場合が多いです。速読は、各段落の最初の文章だけで事足りてしまうはずです。第1段落はイントロなので省略しましょう。

――――――「セールボート」だから「風」と推測できます

If you have ever **ridden on a sailboat** then you have experienced wind power in action. When the sun heats the air in the atmosphere and causes some parts to become hotter than others, the hotter air rises, and this movement creates wind. As long as there is air around us and the sun continues to shine, we will have wind. So, wind power is an energy source that will never run out no matter how much we use. The most common way to capture wind is to create electricity through the use of windmills. If you have ever driven from Los Angeles to Palm Springs in California, you probably saw what is called a wind farm. This is where hundreds of windmills are built in a very windy area to harness as much wind as possible.

――――――ここは説明するまでもなく、「水」です

What is **hydroelectric power? "Hydro" means water**, so it is energy that is created from flowing water. If you have ever been to a large dam, such as Hoover Dam or Glen Canyon Dam, you have seen hydroelectric power at work. At a dam, the water of a river is blocked and stored in a reservoir. The water from the reservoir is slowly released through the dam and into the river below. The power of gravity and the pressure from the vast amounts of water built up in the reservoir force the water through turbines as it passes through the dam. The basic concept is very similar to a windmill except that water is making the turbine wheels spin instead of wind. The motion of the spinning turbines is then converted into electricity from this clean and renewable source.

――――「太陽」ですね

Another natural form of energy that is much newer than wind or hydroelectric power is **solar power**. The word "solar" refers to the sun, so solar power is made by capturing heat and light from the sun. This heat from the sun can be used to warm homes and heat water, and the light from the sun can be used to create electricity. Some homes in locations that are very sunny have solar panels on their roofs. These panels heat water during the daytime, which is then stored for use later. Other types of solar panels are used to create electricity. These can also be found on some houses, but they are more commonly used in small electronic devices, such as solar calculators.

———「そのほか」です

There are **other forms of renewable energy**. Some are derived from heat within the earth (geothermal) and some even come from plants (biomass). It took millions of years for fossil fuels such as coal and natural gas to form within the earth. But, at the rate we are going now, it will take only a few hundred years for human beings to deplete all of these natural sources of energy. Switching to renewable energy sources will allow us to save our natural resources before they run out. Another benefit of renewable energy sources is that they are clean, unlike burning coal and oil. So you can see that the advantages of renewable energy are as endless as the resources themselves.

Part 3
Mathematics

算 数

① 式を作る

Expression (2nd grade)

Number sentences contain numbers, operations, and an equal sign. Examples: $5 + 9 = 14$

Some number sentences are true: $3 + 8 = 11$

Some number sentences are false: $4 - 3 = 2$

An expression is part of a number sentence. It contains numbers and operations. It does not contain an equal sign: $3 + 2$

Write an expression for each.

① Mary bought 10 red buttons, 5 blue buttons, and 20 green buttons. How many red and green buttons did she buy?

② Tom has 10 more sheets of lined paper than unlined paper. He has 35 sheets of unlined paper. How many sheets of lined paper does he have?

③ Kai has 252 minutes of recording time on a CD. He uses 86 minutes. How much time does he have left?

④ Daren had 45 cookies. He gave 26 cookies to his friends. How many cookies does he have left?

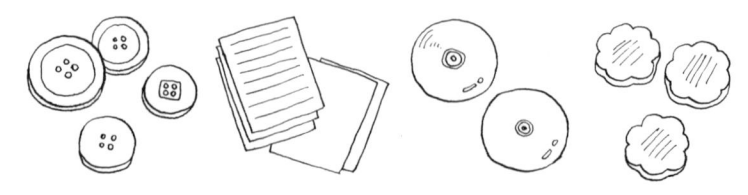

・・・

【訳】

　数式には、数、＋，－，×，÷などの記号、そして等号があります（例えば 5 ＋ 9 ＝ 14）。正しい数式もあれば（3 ＋ 8 ＝ 11）、間違っているものもあります（4 － 3 ＝ 2）。式とは、数式の一部のことで、数と＋，－，×，÷などの記号のみで、等号はありません（3 ＋ 2）。

　式を書きなさい。

①メアリーは赤いボタンを 10 個、青いボタンを 5 個、緑のボタンを 20 個買いました。赤と緑のボタンは合わせていくつ買ったでしょうか。

②トムは、罫線入りの紙を罫線なしの紙より 10 枚多く持っています。35 枚の罫線なしの紙を持っているとしたら、罫線入りの紙は全部で何枚持っているでしょうか。

③カイの CD の録音時間は 252 分あります。すでに 86 分使ったので、残りの録音時間はあと何分でしょうか。

④ダリンは 45 枚のクッキーを持っていました。26 枚を友達にあげてしまいました。残りのクッキーは何枚あるでしょうか。

【正解】

1. 10 ＋ 20
2. 35 ＋ 10
3. 252 － 86
4. 45 － 26

【解説】

　数式を細分化した「数」「＋，－，×，÷などの記号」「符号」が英語で言えますか。「正しい」「間違っている」はどうでしょうか。

② 文章問題を解く

Problem Solving

3rd grade

Garret has 5 $1 bills, 5 quarters, 3 dimes, 6 nickels, and 4 pennies. He buys a yo-yo for $3.58. How many different equivalent sets of bills and coins can he use to pay for the yo-yo?

① Underline what the problem asks.

② Complete the table

$1 bills	Quarters	Dimes	Nickels	Pennies	Value

③ Solve the problem.

④ Tom wants to buy a 14 ¢ candy. How many different sets of coins can he use to buy it?

【訳】

　ギャレットは1ドル紙幣5枚、25¢5枚、10¢3枚、5¢6枚、1¢4枚持っています。3ドル58¢のヨーヨーを買うには、紙幣と硬貨の組み合わせは何通りありますか。

　① 問題で問われている箇所に下線を引きなさい。
　② 次の表を完成させなさい。
　③ 問題を解きなさい。
　④ トムは14¢のキャンディーを買いたいのですが、合計が14¢になるような硬貨の組み合わせは何通りありますか。

【正解】

① Garret has five $1 bills, 5 quarters, 3 dimes, 6 nickels, and 4 pennies. He buys a yo-yo for $3.58. <u>How many different equivalent sets of bills and coins can he use to pay for the yo-yo?</u>

②

$1 bills	Quarters	Dimes	Nickels	Pennies	Value
3	2	0	1	3	$3.58
3	1	3	0	3	$3.58
3	1	2	2	3	$3.58
3	1	1	4	3	$3.58
3	0	3	5	3	$3.58
2	5	3	0	3	$3.58
2	5	2	2	3	$3.58
2	5	1	4	3	$3.58
2	4	3	5	3	$3.58

201

③ Nine sets（9通り）
④ Four sets（4通り）

Dimes	Nickels	Pennies	Value
0	0	14	14¢
0	2	4	14¢
1	0	4	14¢
0	1	9	14¢

【解説】

　　2 + 3 = 5　Two plus three equals five.
　　3 − 2 = 1　Three minus two equals one.
　　基本的な加減式の読み方です。

③ 足し算と掛け算を結びつける

Connect Addition and Multiplication (3rd grade)

Katie and her 6 friends line up their tricycles. How many wheels are there? Solve the problem in two ways. Explain them.

Tips

You can add to find how many in all. 7 groups of 3 equals 21.

You can multiply whenever you add the same number again and again. 7 times 3 equals 21.

【訳】

　ケイティーと6人の友達が三輪車を並べました。全部でタイヤはいくつになるでしょうか。2通りの方法で答え、説明してください。

ヒント

　全部で（タイヤが）いくつになるか足し算をすれば合計が求められます。3つ（のタイヤ）が7組で21。

　同じ数を繰り返し足す場合には、掛け算が使えます。7掛ける3は21。

【正解】

　3 + 3 + 3 + 3 + 3 + 3 + 3 = 21
　3 × 7 = 21

【解説】

　掛け算を表す動詞には2種類あります。multiply と time です。
　Three multiplies seven equals twenty one.
　Three times seven equals twenty one.
　いずれも「s」（三人称単数）が付きます。

④ 2と5の掛け算

Multiply with 2 and 5 (3rd grade)

1) Brian packs 5 pairs of socks. How many socks in all does he pack? Solve the problem in 3 ways. Explain them.

2) Solve each problem by addition, skip-counting, and multiplication.

   ① 5 houses each have 5 doors. How many doors are there in all?
   ② How many legs do 4 dogs have?
   ③ If you have 4 quarters, how much money do you have?

・・・

【訳】

1）ブライアンは、5組のソックスを詰めています。全部で何足のソックスを詰めることになるでしょうか。3通りの方法で解いて、それぞれを説明してください。

2）足し算、スキップカウント、掛け算を使って、次の問題に答えなさい。
　①5軒の家にはそれぞれ5つのドアがあります。全部でドアはいくつあるでしょうか。
　②4匹の犬には全部で脚が何本あるでしょうか。
　③4枚のクオーター（25¢）があります。全部でいくらあるでしょうか。

【正解】

1）　2＋2＋2＋2＋2＝10
　　He can add.（足し算をする）
　　2, 4, 6, 8, 10
　　He can skip-count.（2つずつ数える）
　　5×2＝10
　　He can multiply.（掛け算をする）

2）①5＋5＋5＋5＋5＝25　　　5,10,15,20,25　　　5×5＝25
　　②4＋4＋4＋4＝16　　　　4,8,12,16　　　　4×4＝16
　　③25＋25＋25＋25＝100　25,50,75,100　　25×4＝100

日本には掛け算の暗記用に九九があります。では、英語版九九はどのようなものでしょうか。

⟨original⟩ This old man he plays one he plays nicknack on my thumb with a
⟨times table⟩ Three - is one time three, Six - is - two times three,

nicknack paddy wak give your dog a bone this old man came rolling home
nine - is - three times three, twelve - is - four times three
    ・・・・・ continue

【解説】
　ちなみに、この歌に合わせると1番で4×3（3×4）までできるので、次が8×3（3×8）、3番で12×3（3×12）までやって、このあたりでストップします。日本のように九九という概念がないので×9で終わりというようには考えていないようです。
　それから、日本で3×1＝3、3×2＝6、3×3＝9…とやるところを、アメリカでは3＝1×3、6＝2×3、9＝3×3…と式の順序がまったく逆なのが面白いですね。

⑤ 複数ステップある掛け算

Multistep Problems

(3rd grade)

A multistep problem is a problem which uses more than one step in order to solve it.

① John bought 4 books that cost $5 each. He also bought 3 used books that cost $2 each. How much did John spend on books?
② Taylor has 2 rows of 6 rings in her ring collection. She wants double her collection. How many rings will Taylor have when she doubles her collection?
③ The Collins drove 720 miles in 3 days. They drove 251 miles the first day and 329 miles the second day. How far did they drive on the third day?

【訳】

複数ステップ問題とは、解答するのに2ステップ以上の計算をする問題です。

① ジョンは5ドルの本を4冊と2ドルの古本を3冊買いました。合計でいくら買ったことになるでしょうか。

② タイラーの指輪入れには6個の指輪が2列並んでいます。この数を2倍にしたいと思っているのですが、合計何個の指輪になるでしょうか。

③ コリンズ家は3日で720マイルのドライブをしました。1日目は251マイル、2日目は329マイル移動しました。3日目には何マイル移動したでしょうか。

【正解】

① (4 × 5) + (3 × 2) = 26
② (2 × 6) × 2 = 24
③ 720 - (251 + 329) = 140

【解説】

「2倍にする」double、「3倍にする」triple はおもしろい動詞です。説明のところで more than one step とあります。more than ～を日本語にすると「～より大きい」となり「以上」ではありません。ご注意ください。

⑥ 割り算の意味

The Meaning of Division (4th grade)

Use division when you want to separate objects into groups of equal size.

1) Five family members want to share a bag of 20 candies equally. How many candies will each person get?
2) Maggie and her three friends are sharing a pizza cut into 12 pieces. If each person eats the same number of slices, how many slices will each person get?
3) Eight students are sharing the job of watering the classroom plants. Each student waters 2 plants. How many plants are in the classroom altogether?

【訳】

割り算は、物を同じ数のグループに分けたいときに使います。

1）5人家族が20個のキャンディーを均等に分けると、1人いくつ食べられるでしょうか。

2）マギーと3人の友達が12スライスのピザを均等に分けると、1人何枚食べられるでしょうか。

3）8人の生徒が教室の観葉植物に水をあげます。1人2つに水をあげていますが、全部でいくつの植物があるでしょうか。

【正解】

1）4 candies
2）3 slices
3）16 plants

【解説】

割り算（division）はその名の通りdivisionを動詞に使います。
Nine divided by three equals three.
is divided のように is は使われませんので注意してください。

⑦ 概算と正確な計算

Estimate or Exact Answer 3rd grade

Darrin is planning to plant two types of flower bulbs. He has 49 tulip bulbs and 28 daffodil bulbs.

1) Darrin wants to put a stick in the ground where he plants each bulb. How many sticks he must have?
2) After Darrin plants the bulbs, he wants to pour at least 1 cup of water on each bulb. Which container should he fill with water?
   ① One that holds 30 cups
   ② One that holds 50 cups
   ③ One that holds 60 cups
   ④ One that hold 100 cups

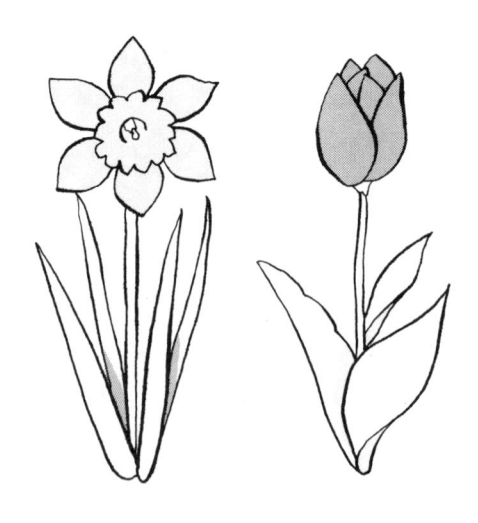

【訳】

　ダリンは2種類の花の球根を植えようと思っています。49個のチューリップと28個のラッパ水仙の球根です。

　1）ダリンはそれぞれの球根を植える場所に、支えとなる棒を立てようと思います。何本の棒が必要でしょうか。

　2）ダリンが球根を植え終わりました。それぞれの球根に少なくとも1カップの水をあげようと思っています。次のどの入れ物を使えばよいでしょうか。

　　①30カップ入るもの
　　②50カップ入るもの
　　③60カップ入るもの
　　④100カップ入るもの

【正解】

　1）77　　2）④

【解説】

　概算（estimate）はビジネスで重要な考え方です。「見積もり」によって相手が製品を購入したり、サービスに加入したりするからです。正確な計算と同時に、概算能力も小学校の算数で養います。

⑧ 10の位の四捨五入
Round to the Nearest Ten   3rd grade

How do you round numbers like 23 and 26 to the nearest ten?

See what two tens a number is between. Both 23 and 26 are between 20 and 30.

See which ten a number is closer to. If the one's digit is less than 5, round to the lesser ten. If the one's digit is 5 or greater, round to the greater ten.

【訳】
23や26という数字を10の位に四捨五入するにはどうやりますか。

その数字をはさんだ10の位は何かを考えます。23も26も、20と30のあいだにあります。

どちらの10の位が近いかを考えます。1の位が5より小さければ、小さいほうの10の位になります。1の位が5以上であれば、大きいほうの10の位になります。

⑨ 図形の問題

Figure　　　　　　　　　　　　　　　　　　　(2nd grade)

Find the perimeter of each figure.

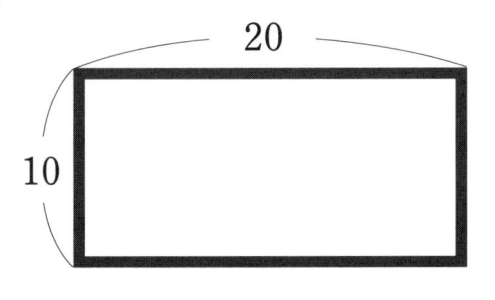

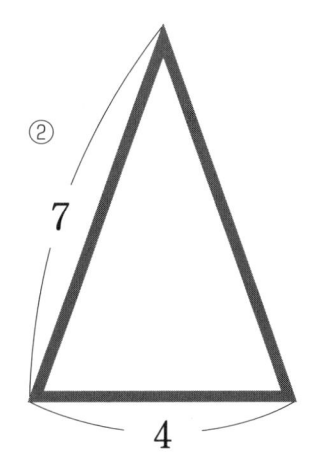

①　[rectangle: 20 × 10]

②　[triangle: sides 7, 7, base 4]

【訳】

次の図形の周辺の長さを求めなさい。

【正解】

① 60　　② 18

【解説】

　　perimeter は「周辺（の長さ）」です。図形を使った勉強を geometry「幾何学」と言います。そのほか、図形の名称は大丈夫ですか？

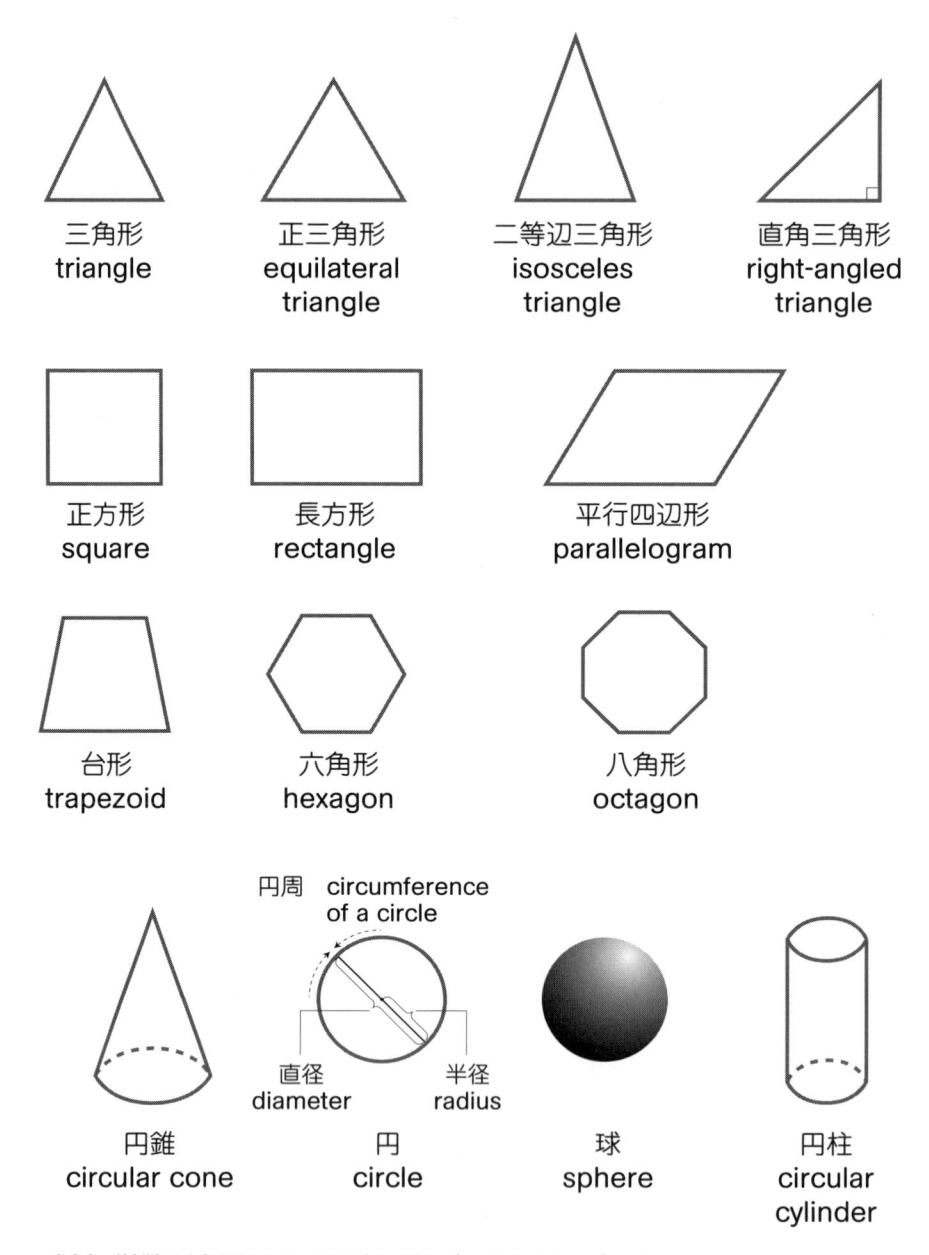

三角形	triangle
正三角形	equilateral triangle
二等辺三角形	isosceles triangle
直角三角形	right-angled triangle
正方形	square
長方形	rectangle
平行四辺形	parallelogram
台形	trapezoid
六角形	hexagon
八角形	octagon
円錐	circular cone
円	circle
円周	circumference of a circle
直径	diameter
半径	radius
球	sphere
円柱	circular cylinder

（注）単数形名詞につく不定冠詞（a または an）は便宜上省略しています。

高さ
height

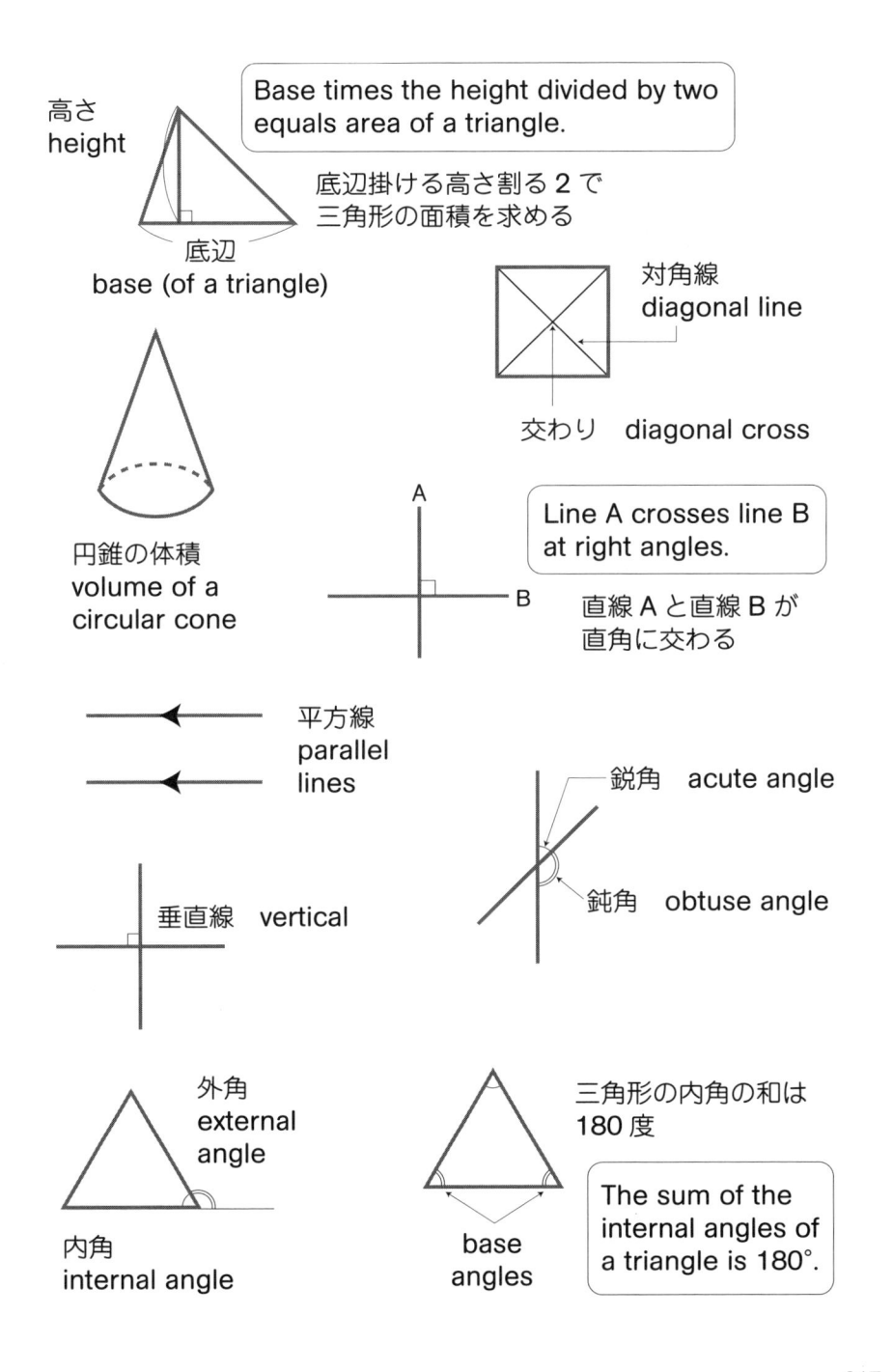

Base times the height divided by two equals area of a triangle.

底辺掛ける高さ割る2で三角形の面積を求める

底辺
base (of a triangle)

対角線
diagonal line

交わり diagonal cross

円錐の体積
volume of a circular cone

Line A crosses line B at right angles.

直線Aと直線Bが直角に交わる

平方線
parallel lines

鋭角 acute angle

鈍角 obtuse angle

垂直線 vertical

外角
external angle

内角
internal angle

三角形の内角の和は180度

base angles

The sum of the internal angles of a triangle is 180°.

⑩ 小数点
Decimal Point   3rd grade

Write the value of each set of coins, using a dollar sign and decimal point.

① 2 quarters
② 1 quarter, 2 dimes
③ 2 dimes, 1 nickel
④ 1 nickel, 4 pennies
⑤ 3 quarters, 1 dime, 1 nickel, 3 pennies

・・

【訳】

次の硬貨の値をドル単位で小数点を用いて表しなさい。

①クオーター硬貨2つ
②クオーター硬貨1つ、ダイム硬貨2つ
③ダイム硬貨2つ、ニッケル硬貨1つ
④ニッケル硬貨1つ、ペニー硬貨4つ
⑤クオーター硬貨3つ、ダイム硬貨1つ、ニッケル硬貨1つ、ペニー硬貨3つ

【正解】

① $.50　② $.45　③ $.25　④ $.09　⑤ $.93

【解説】quarter は1ドルの4分の1なので25セントです。以下、dime「10セント」、nickel「5セント」、penny「1セント」と続きます。小数点を使う場合、英語では小数点の前に0（ゼロ）はいりません。

⑪ 時間の問題

Elapsed Time   3rd grade

Find the elapsed time.
1） 7:00 P.M. to 8:30 P.M.
2） 9:00 A.M. to 1:00 P.M.
3） 6:30 P.M. to 10:45 P.M.

【訳】

経過時間を求めてください。

1） 7:00 P.M. から 8:30 P.M. まで
2） 9:00 A.M. から 1:00 P.M. まで
3） 6:30 P.M. から 10:45 P.M. まで

【正解】

1） 1 hour 30 minutes（1 時間 30 分）
2） 4 hours（4 時間）
3） 4 hours 15 minutes（4 時間 15 分）

【解説】

　　elapse は「経過する」ことを指します。find は「見つける」「探す」ことなので、つい「どこを探すんだ？」となってしまいがちですが、このような設問では「求めてください」という意味になります。

⑫ 暗算

Mental Math

(4th grade)

1) Use mental math to find the sum.

① $\begin{array}{r} 53 \\ 45 \\ +46 \\ \hline \end{array}$

2) Find the missing addend.

① $60 + \underline{} = 75$

② $17 + \underline{} = 33$

3) Find the missing divisor.

① $35 \div \underline{} = 5$

② $81 \div \underline{} = 9$

【訳】

1）暗算で合計を求めなさい。
2）空欄にふさわしい加数を書きなさい。
3）空欄にふさわしい除数を書きなさい。

【正解】

1）144
2）① 15　　② 16
3）① 7　　② 9

【解説】

　use mental math「頭の中で計算をする」→「筆算をせずに」、つまり「暗算で」という意味です。sum は「和」を指します。「差」は difference です。「差を求めなさい」は Find the difference. ですね。

　ところで、addend は「加数」のことです。簡単な概念ですが、英単語で言おうとするとむずかしいです。

　減数　　subtracter
　乗数　　multiplier
　除数　　divisor

Part 4
Language

国 語

① アメリカの言葉

Language in the U.S.

TRACK…26

4th grade

Vocabulary

☐ official language	公用語
☐ assume	仮定する、思う
☐ there is no mention in ～	～に記述がない
☐ U.S. Constitution	米国憲法
☐ under a federal system	連邦制による
☐ powers	権力
☐ are passed down to ～	～に譲る
☐ declare ～	～を宣言する
☐ is passed	（法案が）通過する
☐ historically	歴史的に見ても
☐ settlers	居住者、移民者
☐ multilingualism	多言語主義
☐ Vietnamese	ベトナム語
☐ Tagalog	タガログ語
☐ a recent survey showed ～	最近の調査によると
☐ public services	公共サービス
☐ courts	裁判
☐ immigrants	移民
☐ discrimination	差別
☐ granted access to ～	～へのアクセスが認められる

☐ bilingual education	バイリンガル教育
☐ supporters	支持者
☐ English Only Movement	英語のみを公用語化しようとする運動
☐ legislation	立法
☐ Congress	議会
☐ bills	法案
☐ save on ~	~を節約する
☐ linguistic diversity	言語多様性
☐ have a tremendous influence on ~	~に多大な影響を持つ
☐ dim sum	点心

Language in the U.S. ·················· Language

What is the "official language" of the U.S.? Although most people assume that it is English, which is of course the most common language, there is no mention at all in the U.S. Constitution of any official national language. The U.S. operates under a federal system where most powers and decisions are passed down to the state level. It is thus up to each state to decide its own official language. Currently, however, only about half of the states have laws that declare English as their official language. The most recent of these is West Virginia, where such a law was just passed in April 2005.

It seems only natural to some that a country as diverse as the U.S. should not have an official language. Historically, even before the first European settlers arrived in what is now the United States, over 300 Native American languages were spoken there. So it has indeed been a land of multilingualism since long ago. These days, there are nearly as many languages spoken by the many immigrant communities throughout the U.S. Some of the most commonly spoken languages other than English in the U.S. include Spanish, Chinese, Vietnamese and Tagalog. In fact, a recent survey showed that 18% of Americans do not speak English at home. That is almost one in five people!

Currently, many types of public services in the U.S. in locations such as courts and hospitals are provided in dozens of different languages. Forty or fifty years ago, most immigrants had to learn to speak English to survive and avoid discrimination. As a result, many of them spoke to their children at home in English even though they were not native speakers. Could you imagine having to communicate with your own children in a foreign language? Many people nowadays, however, think that immigrants have the right to be granted access to public services in their native languages. Many schools even offer bilingual education programs so that the children of immigrants can learn both English and the language of their parents in school. This is especially common with Spanish.

On the other hand, there are numerous supporters of what is called the English Only Movement. They are trying to make English the official language across the entire country. In fact, they have introduced legislation in Congress many times over the past several decades to make English the official language. But, these proposed laws, or bills, have never had enough support to pass. The supporters argue that making English the official language would help the government save on printing and translation costs. They also think that it would encourage newly arrived immigrants to quickly learn to speak English.

Whether English is the official language or not, it is clear that the linguistic diversity in the U.S. has had a tremendous influence on American English and culture. It is perfectly common nowadays to hear people talking about eating dim sum, tacos and pierogies[1]. And did you know that many common words in American slang, such as schmuck[2], schlep[3], and klutz[4], come from Yiddish[5]?

---

1 pierogi: Stuffed pastry that is either boiled or fried that was made popular in the U.S. by Polish immigrants.
2 schmuck: An idiot.
3 schlep: To carry or drag something with much effort.
4 klutz: A clumsy person.
5 Yiddish: A German dialect with influences from Hebrew spoken by Jews in Eastern Europe. Hundreds of thousands of Yiddish speakers immigrated to the U.S. during the 20th century.

[Practice]

1) Which of the following most accurately describes the U.S. Constitution?
   a. The federal government is the center of power
   b. It specifies a national language
   c. It specifies a state language for each state
   d. It delegates authority to each state to make its own policy decisions

2) According to the text, what is true for almost one in five people?
   a. They speak Tagalog
   b. They participated in the survey
   c. They speak English outside of the home
   d. They do not speak English at home

3) Which of the following is not true of bilingualism according to the text?
   a. There are more and more Spanish speakers
   b. Children of immigrant who speak English at home are discriminated
   c. It is a concept that did not exist 50 years ago
   d. It is closely related to access to public entities

4) Which of the following is not true regarding the opinion of those who support the English Only Movement?
   a. It would cut down on translation costs
   b. English Only legislation has not yet passed
   c. It would reduce printing costs related to the bill
   d. Immigrants can quickly learn to speak English

訳 アメリカの言葉

　アメリカの「公用語」は何でしょうか。大抵の人は、最もよく使われている言葉、英語だと考えていますが、米国憲法は公用語には言及していません。アメリカは連邦制度のもとに国が運営されており、権力や決定などはそこから州レベルへと委ねられています。つまり、公用語をどうするかは各州に任せられているのです。しかし今のところ、英語を州の公用語とする法律がある州は半数だけです。最近この動きがあった州はウェストバージニア州で、2005年4月にその法律が通ったばかりです。

　皆さんのなかには、アメリカのように多様な社会であれば公用語をもたないことも当然だと思う人もいるかもしれません。歴史的に見ても、ヨーロッパ人が現在アメリカであるところに初めて到着するより前から、300語以上ものネイティブ・アメリカン民族の言語が用いられていました。つまり、ずっと前からアメリカは多言語の国だったのです。現在、アメリカ全土では、それと同じ数ほどの言語が移民コミュニティで用いられています。アメリカで英語以外に最もよく使われている言語としては、スペイン語や中国語、ベトナム語にタガログ語などがあります。また近年の調査によると、アメリカ人全体の18%が家で英語を話さないということがわかっています。ほぼ5人に1人の割合です。

　現在、アメリカの裁判所や病院など、公共サービスの場において異なる言語によるサービスが提供されています。半世紀前であれば、アメリカへの移民は生き残るために、また差別を受けないようにと、英語を習い話さなければなりませんでした。その結果、英語が母語でない移民が家庭でも自らの子供たちに英語で話すようになりました。自分たちの子供とですら、外国語でコミュニケーションしなければならないなんて、想像できますか。ただ現在では、移民には公共サービスをそれぞれの言語で受ける権利があると考える人が大勢います。学校でも、バイリンガル教育を施し、移民子弟が英語、そして親の話す言語の両方を学校で勉強できるよう計らっているところもあります。これはスペイン

語に特に顕著な傾向です。

　その一方で、「英語オンリー運動（English Only Movement）」を推し進めている人たちも多数います。支持者たちは、英語を国の公用語にしようと運動しています。実際のところ、英語を公用語にしようとする法案は、過去数十年にわたってアメリカ議会に何度も提出されました。しかしながらこうした法律、または法案は、通過するために必要な支持をこれまでに得られていません。支持者らは、英語を公用語にすることで、印刷や翻訳に必要な費用を政府が削減することができると主張しています。さらには、アメリカに到着したばかりの移民らが早く英語を学んで話せるようになることを奨励するとも考えています。

　英語が公用語であろうとなかろうと、アメリカにおける言語の多様性が、アメリカ英語とその文化に多大な影響を及ぼしていることは明らかです。今では、点心やタコス、ピエロギ などを食べる話は、ごく当たり前のことです。シュマック（schmuck）[2] やシュレップ（schlep）[3]、クラッツ（klutz）[4] など、よく使われるスラングが、イディッシュ語 から来ているということは、知っていましたか。

　　　ピエロギ：ポーランド系移民によりアメリカで広まった、詰め物をした小麦粉団子。煮るか揚げるかする。
　　　シュマック：馬鹿者。
　　　シュレップ：苦労して運んだり引きずったりすること。
　　　クラッツ：不器用な人。
　　　イディッシュ語：ヘブライ語からの影響を受けた、ドイツ語の一方言。東欧のユダヤ人が話す。イディッシュ語を話す数十万の人々が20世紀中にアメリカに移住した。

【演習】

1）米国憲法の内容としてふさわしいものを次の中から選んでください。
a. 連邦政府が権力を持つ
b. 憲法で国語を定めている
c. 各州ごとに州の公用語を定めている
d. 各州ごとに州の政策決定権を委ねている

2）5人に1人という記述の説明としてふさわしいものを次の中から選んでください。
a. タガログ語を話している
b. 調査票に回答した
c. 家庭外で英語を話している
d. 家庭内で英語を話していない

3）バイリンガル主義の説明としてふさわしくないものを次の中から選んでください。
a. スペイン語が多くなっている
b. 家庭で英語を話す移民の子供は差別を受ける
c. 半世紀ほど前にはなかった概念である
d. 公共機関へのアクセスと密接に関連している

4）English Only Movement の支持者の意見として、ふさわしくないものを次の中から選んでください。
a. 翻訳料が削減できる
b. 法案は通過していない
c. 法案を提出するための印刷代が安くなる
d. 移民者がすぐ英語を身につけることができる

【正解】
1) d　　2) d　　3) b　　4) c

② 類似する言葉

Analogies (3rd grade)

Choose the most appropriate word to fill in the blank.

1. Rain is to snow as water to _____.
   solid, shower, liquid, ice

2. Hair is to head as grass to _____.
   soil, stone, rock, pebble

3. Car is to motorcycle as driving to _____.
   directing, riding, navigating, maintaining

4. Writing is to typing as mail to _____.
   type-writer, computer, e-mail, word processor

5. Paint is to wall as skin to _____.
   ears, body, hands, feet

6. Hand is to mittens as head to _____ .
   hair, face, hat, brain

7. Fish is to water as bird to _____ .
   air, wing, feather, river

8. Wide is to width as tall to _____ .
   high, higher, highest, height

9. Few is to many as _____ to often.
   several, rarely, frequently, occasionally

10. Car is to gasoline as computer to _____ .
    electronic, electricity, chip, file

【訳】
　空欄にふさわしい言葉を次の中から選んでください。

1. 雨と雪の関係は水と_____の関係に似ている。
　　固体、にわか雨、液体、氷

2. 髪の毛と頭の関係は草と_____の関係に似ている。
　　土、石、岩、小石

3. 車とバイクの関係は運転することと_____の関係に似ている。
　　道を教えること、乗ること、道案内すること、維持すること

4. 手で書くこととタイプすることの関係は郵便と_____の関係に似ている。
　　タイプライター、コンピュータ、電子メール、ワープロ

5. 壁にとっての塗装は_____にとっての皮膚に似ている。
　　耳、身体、手、足

6. 手と手袋の関係は頭と_____の関係に似ている。
　　髪の毛、顔、帽子、脳

7. 魚にとっての水は鳥にとっての_____に似ている。
　　空気、羽、羽毛、川

8.「幅が広い」の名詞がwidthであることは「丈が高い」の名詞が_____であるのに似ている。
　　高い、より高い、最も高い、高さ

9. 「少ない」と「多い」の関係は＿＿＿と「しばしば」の関係に似ている。

　　数度、滅多にない、頻繁に、ときおり

10. 車にとってのガソリンはコンピュータにとっての＿＿＿の関係に似ている。

　　電子の、電気、チップ、ファイル

【正解】

1. ice（氷）
2. soil（土）
3. riding（乗ること）
4. e-mail（電子メール）
5. body（身体）
6. hat（帽子）
7. air（空気）
8. height（高さ）
9. rarely（滅多にない）
10. electricity（電気）

③ 単語のスペル

Spelling Words

4th grade

Spell the following words that end with –le. You can only see definitions of each word.

① name of a book
② move to and fro
③ showing little change
④ a hostile meeting of opposing military forces
⑤ a small smooth stone
⑥ a small part of something
⑦ stick of wax
⑧ a piece of furniture with four legs and a flat top
⑨ center
⑩ bring to an end
⑪ a very strong thick rope
⑫ scatter
⑬ drop a ball

【訳】

次にあげた単語のスペルを書いてください。それぞれ -le で終わる単語で、言葉の定義は次の通りです。

① 本の名前
② 前や後ろへ動く
③ まったく変化しない
④ 敵対する軍同士の激しい戦い
⑤ 小さくてすべすべした石
⑥ 何かの一部
⑦ ワックスの棒
⑧ 4つの脚があり、平らな板が乗った家具
⑨ 中心
⑩ 終わりに近づく
⑪ とても強い太いロープ
⑫ ばらまく
⑬ ボールを落とすこと

【正解】

① title　② wiggle　③ stable　④ battle　⑤ pebble　⑥ sample
⑦ candle　⑧ table　⑨ middle　⑩ settle　⑪ cable　⑫ sprinkle
⑬ fumble

④ 短縮形

Contraction

3rd grade

Write the correct form of the contraction for the words given.
1. should not
2. I have
3. were not
4. there would
5. what will
6. who would
7. would not
8. they have

【訳】

次の表現の短縮形を書きなさい。

【正解】

1. shouldn't　2. I've　3. weren't　4. there'd　5. what'll　6. who'd
7. wouldn't　8. they've

【解説】

　contraction の意味をたずねる問題でした。contraction は、「短縮形」を指します。簡単な英単語ばかりですので、この意味さえわかれば全問正解されたはずです。

⑤ 単文

Simple Sentences　　　　　　　　　　　　　　3rd grade

A simple sentence is a group of words that tells a complete idea. It has one subject and one predicate.

Read the simple sentences below. Circle the complete subject and underline the complete predicate in each sentence.

1. I fell.

2. He ran.

3. Autumn is my favorite time of year.

4. The sport car ran through a stop sign.

5. My dog chased the ball.

6. The tiger ran like the wind.

7. The store is around the corner.

8. She can't find her umbrella.

【訳】

　単文とは、単語の集まりで、あるまとまった考えを伝えるものです。主語と述語からなります。

　次の単文を読んでください。各文章の主語は丸で囲み、述語には下線を引きなさい。

1. 私は転びました。
2. 彼は走りました。
3. 秋は私の一番好きな季節です。
4. スポーツカーが一時停止の標識を無視しました。
5. 犬がボールを追いかけました。
6. 虎は風のように走りました。
7. お店はその角にあります。
8. 彼女は傘が見つけられません。

【正解】

1. (I) fell.
2. (He) ran.
3. (Autumn) is my favorite time of year.
4. (The sport car) ran through a stop sign.
5. (My dog) chased the ball.
6. (The tiger) ran like the wind.
7. (The store) is around the corner.
8. (She) can't find her umbrella.

⑥ 主語と動詞の呼応

Subject-Verb Agreement   3rd grade

Use "is" and "was" when telling about one person, place, or thing. Use "are" and "were" when telling about more than one person, place, or thing.

Read each sentence. Choose the word in parentheses that completes it.

1. The public park _____ a mess. (was, were)

2. Cans and papers _____ everywhere. (was, were)

3. Even the light _____ broken. (was, were)

4. A lot of people _____ not happy about the park. (was, were)

5. School kids _____ picking up litter. (is, are)

6. My dad _____ fixing the light. (is, are)

7. It _____ going to be the best park soon. (is, are)

【訳】

　1人、1箇所、1つの事について話す場合、"is" か "was" を使いましょう。複数の人、複数の場所、複数の事について話す場合には、"are" か "were" を使いましょう。

　各文章を読んでください。文章が完成するように、カッコから言葉を選びましょう。

1. 公園は汚かったです。
2. 缶や紙くずが散らばってました。
3. 街灯も壊れていました。
4. みんな公園の様子に不満でした。
5. 学校の子供がゴミを拾っています。
6. お父さんが街灯を直しています。
7. すぐにすばらしい公園になるでしょう。

【正解】

1. was　2. were　3. was　4. were　5. are　6. is　7. is

⑦ スピーチ

Speech 3rd grade

Write a one-paragraph speech in English to tell the class what kind of work you want to do in the future. Or, if you are already working, talk about something else that you would like to do in the future.

【回答例】
3年生になった息子が次のようなスピーチを書きました。

> I would like to be a shop owner because I like to sell things, for example, at a garage sale or a flea market. And I would also like to be a TV reporter. Sometimes I turn on the TV and see stuff on the news like the weather report. When I see that, I usually go to my mom or dad and tell them how hot it will be tomorrow. And I never forget things…well most of the time.

【訳】
　将来どのような職業に就きたいか、すでに働いている人は将来どのようなことをしたいか、一段落程度の英語スピーチにしてください。

> 　僕は商店の店主になりたいです。なぜならガレージセールやフリーマーケットなどで物を売ることが好きだからです。それから、テレビのレポーターにもなりたいです。テレビをつけると天気予報などのニュースをやっています。そういうのを見たあとで、お父さんとお母さんのところへ行って、明日はどれくらい暑くなるかというようなことを教えてあげるのです。僕は何でも忘れることはありません…そう、たいていの場合は。

【解説】
　早期から職業観を身につけさせようという努力が見られます。スピーチも重要なスキルです。

⑧ 手紙を書く

Letter Writing   3rd grade

Write a letter to a friend that explains why learning how to write in cursive is important.

【回答例】

October 26, 2004

Dear Maggie,

You're very nice and kind. You have very good printing. You probably will use the computer a lot when you are older. But learning cursive is important when you get in about 4th grade. You will write lists, notes, journals, letters and much more. You will use cursive to read your teacher's writing on the board, too. So I'm sure you'll like it!

Sincerely yours,
Teppei

【訳】
　筆記体で英語を書けるようになることがいかに大切かを、友達に説明する手紙を書いてください。

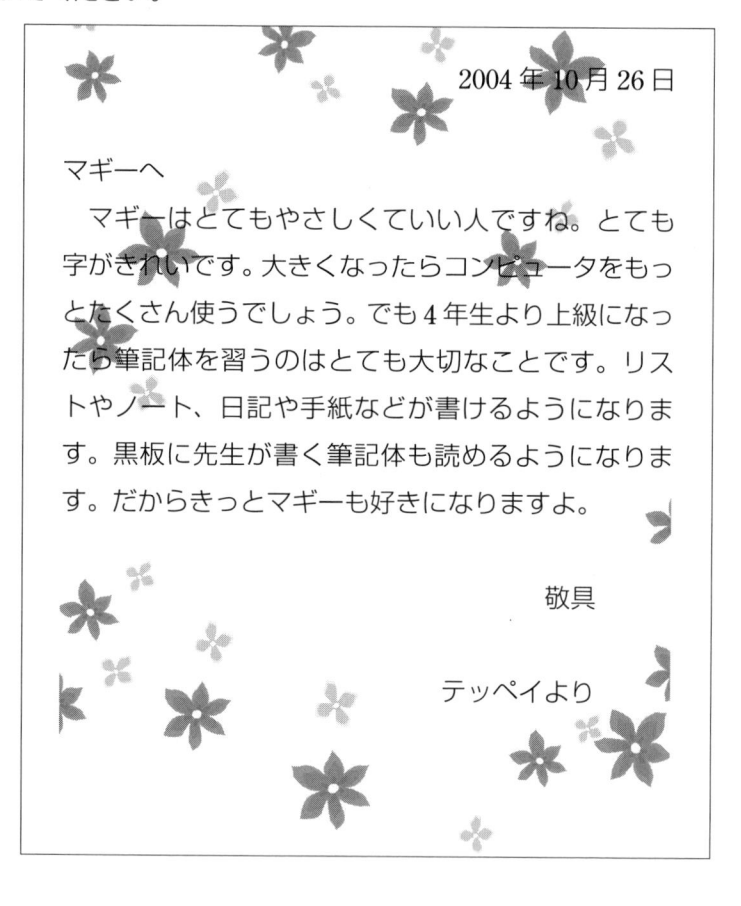

2004年10月26日

マギーへ
　マギーはとてもやさしくていい人ですね。とても字がきれいです。大きくなったらコンピュータをもっとたくさん使うでしょう。でも4年生より上級になったら筆記体を習うのはとても大切なことです。リストやノート、日記や手紙などが書けるようになります。黒板に先生が書く筆記体も読めるようになります。だからきっとマギーも好きになりますよ。

敬具

テッペイより

【解説】
　筆記体は日本語の書道に近い考え方で、書けるようになると皆とても得意気になります。

⑨ 家系図

Family Tree (3rd grade)

Mary is hosting Thanksgiving this year. She invited her family (Savannah, Tom, Joseph, Noah, Amanda, Christopher, Sierra, and Courtney) to her house. Her mother, her grandmother, her uncle, her grandfather, her sister, her aunt, her father, and her brother all had a great time at her house.

Figure out how each person is related to Mary and make a family tree.

> Noah is not Mary's uncle.
> Amanda is Mary's grandmother.
> Savannah is Courtney's sister.

In the afternoon, all of the men were watching TV. Savannah, Courtney, Sierra, and Amanda were talking and not watching football.

> Christopher is not Mary's brother.
> Tom is Mary's grandfather.
> Joseph is not Mary's uncle.
> Joseph is Sierra's brother.
> Courtney is Joseph's mother.
> Joseph has no children.
> Sierra is not Mary's mother.

【訳】

　メアリーは今年の感謝祭を主催しました。家族や親戚の人たち（サバンナ、トム、ジョセフ、ノア、アマンダ、クリストファー、シエラ、コートニー）を家に招待したのです。メアリーのお母さん、おばあさん、おじさん、おじいさん、姉妹、おばさん、お父さん、兄弟は、みなメアリーの家で楽しく過ごしました。

　それぞれがメアリーとどんな関係にあるか考えて家系図を作りましょう。

> ノアはメアリーのおじさんではありません。
> アマンダはメアリーのおばあさんです。
> サバンナはコートニーと姉妹です。

　午後、男の人たちはみんなテレビを見ていました。サバンナ、コートニー、シエラ、アマンダはおしゃべりをしていて、フットボールは見ていませんでした。

> クリストファーはメアリーと兄弟ではありません。
> トムはメアリーのおじいさんです。
> ジョセフはメアリーのおじさんではありません。
> ジョセフはシエラと兄弟です。
> コートニーはジョセフのお母さんです。
> ジョセフに子供はいません。
> シエラはメアリーのお母さんではありません。

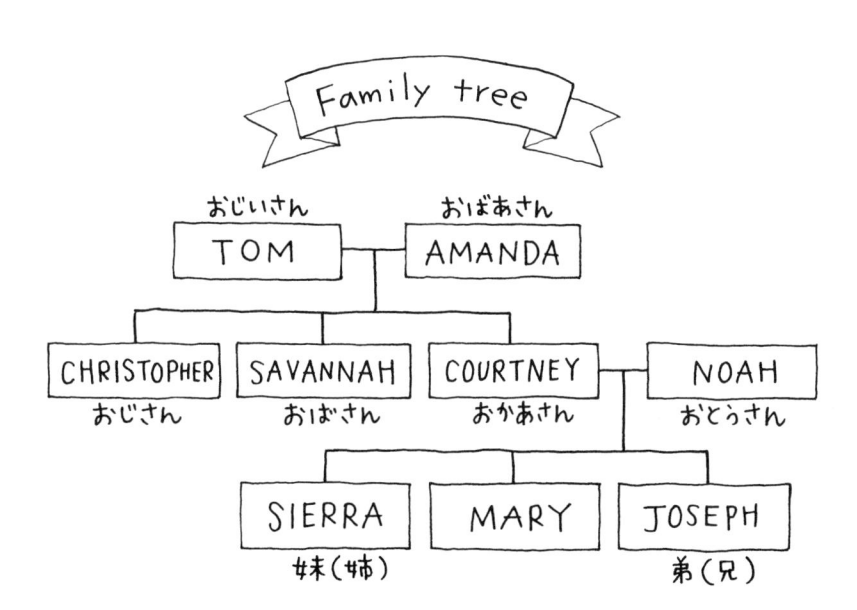

【正解】

　　Tom がおじいさん
　　Amanda がおばあさん
　　Courtney がお母さん
　　Noah がお父さん
　　Christopher がおじさん
　　Savannah がおばさん
　　Sierra が姉（妹）
　　Joseph が弟（兄）

⑩ ストーリーを作る
Story Writing (3rd grade)

Let's try a bit of creative writing. Write a story about something you like or something that happened to you.

【回答例】

| JiJi's Halloween |

By Teppei Kosaka

Jiji was at kintergarten playing with his friend Jim.

Jim said as he knocked down the block tower, "Jiji, what are you going to be for Halloween?"

"Halloween? What's that?" said Jiji. (Jiji didn't know anything about Halloween.)

"Yeah, Halloween," said Jim. "It's where all the kids dress up like scary monsters and go get candy!"

Jiji was very jealous that Jim got to celebrate Halloween and he didn't.

When he got home he threw down his backpack and ran to his mom and begged her to get him a Halloween costume. His mom said, "Sorry my little Jiji, we have barely any money for food! Please wait until next Halloween." But Jiji begged so much Jiji's mom decided to go get a costume for Jiji. But when they got to the store all the costumes were gone except a few skeleton head masks and an apple costume. But Jiji didn't want only a head costume or an apple. He wanted a vampire costume! They went home and Jiji cried in his room until 7:30. Then some kids started trick-or-treating. In about five minutes Jim came to

Jiji's house with Tim and John. "You still haven't got a costume?" asked Jim. "Yeah." said Jiji sadly. "Well you do now!" said Jim as he gave Jiji a vampire costume. "A vampire costume!" He took the costume from Jim. "Thank you Jim!" said Jiji as he went to tell his mom about the costume. A minute later Jiji ran out to his friends and went trick-or-treating.

・・・

【訳】

創作ライティングに挑戦しましょう。好きなテーマ、ストーリーでお話を書いてください。

ジジのハロウィーン　　　　　　　　　　　　　　　　　　　テッペイ・コサカ著

　ジジは幼稚園でお友だちのジムと遊んでいました。

　ジムはブロックで作った塔をこわしながら言いました。「ハロウィーンには何になるの、ジジ？」

　「ハロウィーン？何それ？」ジジは聞きました（ジジはハロウィーンのことを何も知らなかったのです）。

　「ハロウィーンだよ」ジムは言います。「子供はみんなおっかないお化けの格好をして、お菓子をもらって歩くんだよ」

　ジジは、ジムがハロウィーンのお祝いをしたことがあるのに、自分はないので羨ましくなりました。

　家に着くなりジジはカバンを投げ出してお母さんのところにかけ寄り、ハロウィーンのコスチュームをねだりました。「ごめんねジジ、家には食べ物を買うお金がやっとあるだけなの。次のハロウィーンまで待ってちょうだいね」でもジジがあんまりねだるので、お母さんはジジのためにコスチュームをそろえてあげることにしました。ところがお店に行くと、コスチュームのほとんどは

売り切れていて、残っているのはガイコツの頭の部分だけのかぶりものと、りんごのコスチュームだけ。ジジは頭だけのコスチュームやりんごのコスチュームは欲しくありませんでした。ジジが欲しかったのは、吸血鬼のコスチュームだったのです。2人は家に帰り、ジジは自分の部屋で7時半まで泣きどおしでした。すると、子供らがやってきて「トリック・オア・トリート」をはじめました。5分後にはジムがトムとジョンと一緒にジジの家にやってきました。「まだコスチュームがないの？」とジムが聞きました。「うん」ジジは悲しそうに答えました。「そんならこれ！」ジムはそう言うと、ジジに吸血鬼のコスチュームを渡しました。「吸血鬼だ！」ジジはジムからコスチュームを受け取りました。「ありがとう、ジム！」ジジはそう言うと、お母さんにコスチュームのことを話しに行きました。そのあとすぐ、ジジは友達と一緒に「トリック・オア・トリート」に出かけました。

【解説】
　「感想文」や「作文」だけでなく、自由に物語を書くことで創造力を養わせようという教育がなされています。

Part 5
Other Subjects
その他

① 体育
Physical Education (PE)

🔊 TRACK…27

1st grade

　「ほめる教育」が盛んなアメリカ。お互いに励ましあうことで、まず「自分はできるんだ」との自信をつけさせるのが大切です。さあ、コーチになったつもりで、次の「かけ声」を英語で言ってみましょう。

【スポーツ一般】

よくやった！	Good job!
いいプレイだ！	Good play!
さがれ！	Back up.
お前ならできる	You can do it.
注目	(Pay) attention!
話をするな	No talking.
ボケッとしてるな	Look alive.
いいゲームだった	Good game.
よくがんばった	Good hustle.

【野球】

いいスイングだ！	Good swing!（ゴルフにも使える）
いいカットだ！	Good cut!
ボールをよく見ろ	Watch the ball.
うまく投げたぞ！	Good throw.
よく捕った	Good catch.
ベースを走り抜けろ	Run through the base.

バットは平らに振れ	Level swing.
（バッターに対して）よく待ったぞ	Good eye.
すくい上げはよせ	Don't scoop up.
ベースを踏んでいろ	Put your foot on the base.
（守りに）3塁でアウトにしろ	Force it to third.

【サッカー】

ボールをけって	Kick the ball.
ゴールを決めろ！	Score the goal.
ひろがれ	Spread out.
前へ出ろ	Move up.
ドリブルして	Dribble.
いいディフェンスだ	Nice defense.
ゴールに向かって！	(Go) To the goal.
（スローインのとき）線に沿って投げろ	Down the line.

【試合の後の応援】

相手のチームを応援する掛け声

> Two, four, six, eight
> Who do we appreciate?
> [team name], [team name], go! [team name]

How to Play Dodge Ball

　The goal of dodge ball is to hit someone with a ball. It is usually played by 5 - 7 people. First, people who will play dodge ball choose a "it." The "it" gets the ball. The other persons go beside a wall. Then, the "it" throws the ball at the others. A person at the wall who first got hit by the ball is the "it." This game can go forever, so when you're tired, you can end the game.

・・・

【訳】

　ドッジボールの遊び方

　ドッジボールは、ボールを相手に当てることです。普通は、5～7人で遊びます。まず、全員の中からひとり「鬼」を決めます。その鬼がボールをもらいます。ほかの人は、壁に背を向けるようにして立ちます。鬼がボールをほかの人に向かって当てます。最初にぶつけられた人が次の鬼になります。ゲームはずっと続けられるので、誰かが疲れたらそこでゲームは終わりです。

【解説】

　ところ変わればやり方変わる好例です。はじめてドッジボールを見たときは、すこし野蛮な印象を受けました。ただ、日本のドッジボールも野蛮であることには変わりません（上の文章は子供に説明してもらいました。英文は手直ししていません）。

② 音楽

Music　　　　　　　　　　　　　　　　　　　3rd grade

Use the Japanese translations of the sentences below to fill in the missing words.

日本語訳を参考に、空欄にふさわしい単語を入れてください。

1) Don't sing from your (　　). Sing from your (　　).
   歌うときはのどから声を出すのではなく、肺から出しましょう。

【正解】throat, lungs　　のど、肺

2) This group sings in (　　). This group sings the (　　).
   このグループはコーラスを歌いましょう。こちらのグループはメロディを歌います。

【正解】harmony, melody

3) I will put my hand up and down. When it's high, make your voice (　　). When I put it down, sing (　　).
   私が手を上下に動かします。手が上になったときは高い声で、下になったときは低い声で歌いましょう。

【正解】high, low

4) When I (　　　) my feet, (　　　) your hands three times.
   足を踏み鳴らしたら、手を3回たたきましょう。

【正解】stomp, clap

5) You have to sing in the right (　　　).
   正しい拍子に合わせて歌わなくてはなりません。

【正解】beat

6) When you do a fourth (　　　), you have to clap your hands four times before you start singing the next word.
   4番目の音符のときは、次の歌詞を歌い出す前に4回手をたたかなくてはなりません。

【正解】note

③ ハロウィーン

Halloween

2nd grade

How to make a costume for you!

Ghost: What you need, a white bed cover, a pair of scissors.

When you are finished, you'll say "That's it? It's finished?"

Step 1. Fold the white bed cover into quarters.
Step 2. Cut the shape that you want four fingers' length from the top.
Step 3. Do the same thing on the other side.
Step 4. Cut the bottom in a zig-zag shape.

Finished! Now you have a ghost. Don't you like it? Now, you can make a witch!

Witch: What you need, a black pointy hat, green paint, black yarn, cardboard, a broom, a black shirt of your dad's or mom's that they don't wear anymore, scissors, tape.

Step 1. First, get the yarn and cut 10 of five cm strings.
Step 2. Put the strings on your head and quickly put the hat on.
Step 3. Paint your face green.
Step 4. Cut the cardboard in a square.
Step 5. Fold the place on the cardboard that is one thumb's length in from both sides.
Step 6. Tape the cardboard on your nose.
Step 7. Wear your dad's or mom's shirt.
Step 8. Sit on the broom.

Finish! You are finished! Happy Halloween!

【訳】

コスチュームの作り方

幽霊：必要なもの、白いベッド用シーツ、はさみ

出来上がったとき、「もうこれで出来上がり？」と言うこと間違いなし！

1. シーツを4分の1の大きさにたたむ
2. 上から指4つ分のところで、好きな形に切り抜く
3. 反対側も同じようにする
4. 裾のところをジグザグに切る

出来上がり！ 幽霊ができました。気に入りましたか？ それでは魔女を作りましょう。

魔女：必要なものは黒いとんがり帽子、緑の絵の具、黒の毛糸、厚紙、ほうき、お父さんかお母さんのもう着なくなった黒いシャツ、はさみ、テープ

1. まず毛糸を5センチの長さに10本切る
2. 糸を頭につけて素早く帽子をかぶる
3. 顔を緑色に塗る
4. 厚紙を四角く切る
5. 厚紙の両側から親指1つ分のところを折る
6. 厚紙を鼻にテープでつける
7. お父さんかお母さんのシャツを着る
8. ほうきの上にまたがる

これでおしまい！ 出来上がり！ ハッピー・ハロウィーン！

④ 子供の遊び

Kids Play

TRACK…28

(2nd grade)

子供が遊んでいるときの会話です。実際に、どのような遊びをしているか想像しながら読んでください。

A: "What do you want to play?"
B: "What do YOU want to play?"
A: "What do YOU want to play?"
B: "You tell me first."
A: "I asked you first."
B: "Then, do you want to go outside?"
A: "OK, but what do you want to do outside?"
B: "What do YOU want to do outside?"
A: "Do you want to climb trees?"
B: "OK."
A: "Which tree do you want to climb?"
B: "That tree."
A: "Which tree?"
B: "The tree in front of my house."
A: "Let's go outside!"
B: "All right!"
A: "Let's race to the tree."
B: "I'll win."
A: "No, you won't."

Racing to the tree

B: "I win!"

A: "I lose."

Climbing the tree

A: "Now, let's climb the tree."

B: "But, it started raining."

A: "Oh, well."

B: "Well, why don't we go inside and play GB for a while?"

A: "Good idea."

Playing GB

B: "What game are you going to play?"

A: ""I'm going to play Pokemon. How about you?"

B: "I'm going to play Quiddich."

A: "Are you far on that game?"

B: "I'm pretty far on it. How about you?"

A: "I'm on the last gym."

B: "What Pokemon do you have?"

A: "I don't have that many even if I'm on the last gym."

B: "So what Pokemon do you have?"

A: "I have a Kyogre, Pikacyu, and Regirock."

B: "I started my game."

A: "I did, too."

Asking for help

A: "I'm stuck on the gym leader. Can you do it for me?"

B: "I don't know how to."

A: "Please, can you just try?"

Losing the gym leader

B: "I lost!"

A: "Can I have the GB back?"

B: "Here you go."

Connecting the GB

A: "Since you have the same Pokemon game, do you want to connect and battle?"

B: "Sure, but I'm not so far on it."

A: "I have the cable ready!"

B: "OK, let's connect."

Battling

A: "Are you at the Pokemon center?"

B: "Yeah."

A: "Go to the second floor."

B: "OK. I did."

A: "Go to the middle place."

B: "I did."

A: "Talk to the lady."

B: "I did."

A: "Go to single battle."

B: "OK."

A: "Now, we can start. Go to the red thing."

B: "I did."

A: "Now, I'll go to the white place. Now, let's start."

Stopping playing the GB

B: "I lost!"

A: "I win."

B: "Don't you want to do something else? I'm kind of tired of playing GB."
A: "What do you want to do?"

【訳】

A: 何して遊ぶ？
B: 君は何して遊びたい？
A: そういう君こそ何して遊びたい？
B: 君が先に言うんだよ。
A: 私が先に聞いたんじゃない。
B: じゃあ、外に行く？
A: いいよ、でも外で何したい？
B: 君こそ外で何したい？
A: 木に登ろうか？
B: そうしよう。
A: どの木に登りたい？
B: あの木。
A: どの木？
B: 僕の家の前にある木。
A: 外に行こう！
B: そうしよう！
A: あの木まで競走しよう。
B: きっと僕が勝つよ。
A: いいえ、勝たないよ。

> 木まで競走する

B: "僕の勝ちだ！
A: "負けた。

> 木に登る

A: それじゃ木に登ろう。

B: でも雨が降ってきたよ。
A: あれえ、そうか。
B: じゃ、家に戻ってしばらくゲームボーイで遊ぼうよ。
A: よし！

ゲームボーイで遊ぶ

B: 何のゲームにする？
A: ポケモンにするよ。君は？
B: 僕はクイディッチにする。
A: そのゲーム、もうだいぶ進んだ？
B: うん、ずいぶん先まで行ったよ。君は？
A: 私はジムの最後のところまで行ってる。
B: ポケモンはどんなのを持っているの？
A: ジムの最後のところまで行ったけど、そんなにたくさんは持っていない。
B: だから何を持ってるのさ？
A: カイオーガ、ピカチュウ、レジロック。
B: 僕、ゲーム始めたよ。
A: 私も。

助けを求める

A: ジムリーダーのところで動けなくなっちゃった。私の代わりにやってくれない？
B: どうやるのかわからないよ。
A: お願いだから、ちょっとだけやってみて。

ジムリーダーをなくす

B: 負けた！
A: ゲームボーイ返してくれる？
B: じゃ、はい。

ゲームボーイをつなげる

A: 君も同じポケモンのゲームを持ってることだし、つなげて戦ってみようか。
B: いいよ、でも僕あんまり先まで進んでないけど。
A: ケーブル持ってきたよ。
B: よし、じゃつなげよう。

戦う

A: 今ポケモンセンターにいる？
B: うん。
A: 2階に行って。
B: うん、行ったよ。
A: 真ん中に行って。
B: 行ったよ。
A: 女の人に話しかけて。
B: したよ。
A: シングル・バトルに行くんだ。
B: うん。
A: じゃあ始めよう。赤いやつのところに行って。
B: 行ったよ。
A: それじゃ私は白いところに行くよ。始めよう。

ゲームボーイをやめる

B: 負けちゃった！
A: 私の勝ち。
B: 何か別のことしない？ ゲームボーイで遊ぶのちょっとあきちゃった。
A: 何したい？

⑤ 手紙

Letters　　　　　　　　　　　　　　　　　　　　　　2nd grade

Dear Matthew,

Thank you for the awesome fantastic abc. I hope you enjoy the other one. It has got in so fun already. Gallery 4 is a fun game. My favorite game is Donkey Junior. Well that's all for now.

From John

マシュー君へ

　この前はとってもすごい abc をどうもありがとう。マシュー君ももう1つのほうで楽しんでくれたらいいなと思います。僕もとても楽しんでいます。ギャラリー4は楽しいゲームですね。僕の好きなゲームはドンキー・ジュニアです。それじゃこのへんで。

　ジョンより

次は誕生日のカードです。

Ken is turning 8!

When: Saturday June 21st, 2005
              12:00-3:00
What: Pizza, Salad, drinks,
              birthday treats and a giant slide!
Where: Hilltop Park on Jessie
              Between David and Devisadero.

R.S.V.P.: Heidi 655-0144

ケンが8歳になります！

とき：　　　　2005年6月21日（土）
　　　　　　　12時〜3時
なにがある？：ピザ、サラダ、飲み物
　　　　　　　誕生日のご馳走に大きなすべり台！
ところ：　　　ジェシー通りのヒルトップ公園にて
　　　　　　　デイビッド通りとデヴィザデロ通りのあいだ

連絡先：ハイジ 655 − 0144

Happy B Day Cakes are delicious, Birthdays are fun, Your party is special, 'Cause I'm enjoying it! Your friend, Katie	ハッピーバースディ ケーキはおいしいな お誕生日は楽しいな パーティはすてきになるよ だって私が楽しんでるから！ あなたの友だち ケイティ
Happy Birthday Hope your birthday is as special as you are!	お誕生日おめでとう あなたという人と同じくらい すてきなお誕生日になりますように！
Happy Birthday Hope your special day goes swimmingly From Paul To Ken	お誕生日おめでとう 君の特別な日が スーイスーイとうまくいきますように ポールより ケンへ

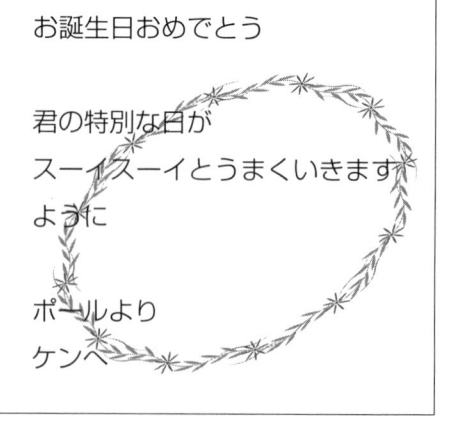

It's your Birthday! Cool! From: Thomas To:　Jun	君のお誕生日だ！ やったね！ トマスより ジュンへ
You're 8 Happy 8th Birthday to one of the coolest guys in the galaxy! Hope it's outta this world To Tyler From　Mat	8歳になったんだね 8回目のお誕生日おめでとう 宇宙一かっこいい男へ とびっきりいい日になります ように テイラーへ マットより

⑥ 給食のメニュー

Lunch Menu

Lunch Menu — January 2005

	Monday	Tuesday	
	3 Chicken Tenders w/Hash Browns Orange Shape Up Catsup BBQ sauce Milk	**4** Beef Soft Taco Buttered Corn Grape Juice Taco Sauce Milk	
	10 Mini Corn Dogs w/Hash Browns Cherry Shape Up Catsup Mustard Chocolate Animal Crackers Milk	**11** Tostada Boat Buttered Corn Fresh Fruit Taco Sauce Tortilla Chips Milk	
	17 MARTIN LUTHER KING DAY	**18** Chicken Nuggets w/Hash Browns Blue Raspberry Juice Catsup (2) BBQ Sauce Cinnamon Belly Bears Milk	
	24 Chicken Tenders w/Hash Browns Cheery Shape Up Catsup (2) BBQ Sauce Zoo Animal Crackers Milk	**25** Beef & Bean Burrito Buttered Corn Grape Juice Taco Sauce Milk	

Wednesday	Thursday	Friday
5 Spaghetti w/Meatballs Applesauce Soft Pretzel Mustard Milk	**6** Hot Dog w/Hash Browns Fresh Fruit Catsup Mustard Hot Dog Bun Milk	**7** Sausage Pizza Crunchy Carrot Sticks Creamy Ranch Dressing Fresh Fruit Milk
12 Cheese Ravioli Grape Juice Cut Green Beams White Bread Milk	**13** Chili Mac Garden Vegetable Medley Fresh Fruit Baked Doritos Milk	**14** Pepperoni Pizza Crunchy Carrot Sticks Creamy Ranch Dressing Fresh Fruit Milk
19 Bean & Cheese Burrito Buttered Corn Mixed Fruit Cup Taco Sauce Milk	**20** Cheeseburger Patty Potato Rounds Grape Juice Catsup (2) Mustard Hamburger Bun Milk	**21** Cheese Pizza Crunchy Carrot Sticks Creamy Ranch Dressing Cinnamon Applesauce Soft & Chewy Oatmeal Cookies Milk
26 Spaghetti w/Sausage Cinnamon Applesauce Mini Pretzels Milk	**27** Hot Dog w/Hasn Browns Fresh Fruit Catsup (2) Mustard Hot Dog Bun Milk Mini Pretzels	**28** Sausage Pizza Crunchy Carrot Sticks Creamy Ranch Dressing Fresh Fruit Milk

	月曜日	火曜日	
給食メニュー　2005年1月	3 鶏ささみ肉 ハッシュブラウン付 オレンジシェイプアップ ケチャップ BBQ ソース 牛乳	4 牛肉ソフトタコス バターコーン ぶどうジュース タコスソース 牛乳	
	10 ミニコーンドッグ ハッシュブラウン付 チェリーシェイプアップ ケチャップ マスタード チョコレート 動物クラッカー 牛乳	11 トスターダ・ボート バターコーン 果物 タコスソース トルティーヤチップス 牛乳	
	17 マーチン ルーサー キングジュニア 記念日	18 チキンナゲット ハッシュブラウン付 青ラズベリージュース ケチャップ（2） BBQ ソース シナモンベリーベアー 牛乳	
	24 鶏ささみ肉 ハッシュブラウン付 チェリーシェイプアップ ケチャップ（2） BBQ ソース 動物園アニマル クラッカー 牛乳	25 牛肉と豆のブリート バターコーン ぶどうジュース タコスソース 牛乳	

水曜日	木曜日	金曜日
5 スパゲッティーミートボール りんごソース ソフトプレッツェル マスタード 牛乳	6 ホットドッグ ハッシュブラウン付 果物 ケチャップ マスタード ホットドッグ用パン 牛乳	7 ソーセージピザ にんじんスティック ランチドレッシング 果物 牛乳
12 チーズラビオリ ぶどうジュース サヤインゲン 白パン 牛乳	13 チリ・マック 野菜 いろいろ 果物 焼ドリトス 牛乳	14 ペペロニピザ にんじんスティック ランチドレッシング 果物 牛乳
19 豆とチーズのブリート バターコーン 果物いろいろ タコスソース 牛乳	20 チーズバーガーパティ ポテトラウンド ぶどうジュース ケチャップ（2） マスタード ハンバーガー用パン 牛乳	21 チーズピザ にんじんスティック ランチドレッシング シナモンりんごソース 柔らかオートミール クッキー 牛乳
26 ソーセージ入り　スパゲッティー シナモンりんごソース ミニプレッツェル 牛乳	27 ホットドッグ ハッシュブラウン付 果物 ケチャップ（2） マスタード ホットドッグ用パン 牛乳 ミニプレッツェル	28 ソーセージピザ にんじんスティック ランチドレッシング 果物 牛乳

(7) PTA

Parents and Teachers Association

Read the following passage and answer the questions.

Forest Grove PTA Membership

Be a "star," join the PTA today.

PTA is working on many projects this year for our school and our students. Some are obvious and some are in the background of everyday school life.

"No commitment required." Just simply join and support.

By being a PTA member, you're just showing your support in the many things that happen at our school. Fill in the form below and return it in your child's folder or in the office.

Thank you for your continued support!!

Practice

1) Of the following, which is the purpose of the passage?
   a. To give information about the start of a new PTA
   b. To give information about a regular PTA meeting
   c. To give information about PTA member recruiting
   d. To give information to ongoing PTA members

2) Which of the following characteristics best describes the PTA projects?
   a. Too obvious
   b. Not at all obvious
   c. Partially occurring in the background
   d. Partially obvious and partially occurring in the background.

3) Which of the following is what somebody who reads this text with interest might do?
   a. Place the form in a mailing envelope that the child has and submit it
   b. Fill out the application form and submit it to the office
   c. Be thankful for continued support
   d. Nothing

【訳】

次の手紙を読んで問いに答えなさい。

フォレスト・グローブ PTA 会員

　PTA に今すぐ入会して「スター」になりませんか。

　PTA は今年、学校と生徒のために様々なプロジェクトに取り組んでいます。表に目立つ活動もあれば、毎日の学校生活の裏方を支えるものもあります。

　「約束は必要ありません」今すぐ入会して、ご支援ください。

　PTA メンバーになるということは、私たちの学校で行われている様々なことを支援するという態度を表すことになるのです。下の用紙に記入し、お子さんのフォルダに入れるか、事務所までお届けください。

　引き続き皆さんのご支援に感謝いたします!!

【演習】

1) この英文が書かれた目的を次の中から選んでください。
   a. PTA 発足のお知らせ
   b. PTA 定例会議のお知らせ
   c. PTA 会員募集のお知らせ
   d. PTA 継続会員へのお知らせ

2) この組織によるプロジェクトの特徴としてあてはまるものを、次の中から選んでください。
   a. 目立ち過ぎる
   b. まったく目立たない
   c. 裏で行われるものがある
   d. 目立つものもあるし、裏方のものもある

3）この英文に納得した人のとる行為としてあり得るものを、次の中から選んでください。
　　a. 子供が持っている郵便封筒の中に書類を詰めて提出する
　　b. 応募用紙に記入し事務所に提出する
　　c. 継続の支援に感謝する
　　d. 何もしない

【正解】
　　1）c
　　2）d
　　3）b

Read the following passage and answer the questions.

Dear Families,

Wow! Here it is already December 2nd and we have many things planned for this month.

As you already have heard the Holiday Program will be held on December 13 at 7:15 p.m. (for 3-5 grades, K-2 will be 6:45) at PG school. Children should be there by 7:00.

The last day of school before the holiday break is December 17! As you may remember, children are dismissed at 12:10. In lieu of a Holiday party we will be making gingerbread houses. We will need parent helpers and at least four parents to make the "cement." I have the recipe, which is very easy.

We will need families to send in goodies for the houses. Here are a few ideas:

>   Grated coconut
>   Pretzel sticks (logs)
>   Tiny candy canes
>   Small marshmallows
>   Icing tubes of red, yellow, blue and green
>   Any other candy items such as red hots, candy confetti, etc.

Thank you again for all your support and encouragement of your child.

Happy Holidays,

Nancy Clark

Practice

1) How many parents are being asked to help?
   a. One or more
   b. Two or more
   c. Three or more
   d. Four or more

2) Which of the following does not appear in the letter as materials for the gingerbread houses?
   a. Candy canes
   b. Marshmallows
   c. Ice
   d. Pretzels

3) At what time will the first-graders meet?
   a. 7:15
   b. 6:45
   c. 7:00 sharp
   d. 12:10

【訳】

英文を読んで次の問いに答えてください。

　　　ご家族の皆さんへ
　はや12月も2日を過ぎましたが、今月のプログラムは盛りだくさんです。
　もうご存知かと思いますが、ホリデー・プログラムが12月13日午後7時15分（3年生から5年生まではこの時間で、幼稚園生から2年生までは6時45分からです）からPG学校で行われます。お子さんは7時までに到着するようにしてください。
　休暇に入る前の最後の授業日は12月17日です。覚えていらっしゃるかもしれませんが、その日、生徒は12時10分に解散になります。ホリデー・パーティの代わりに、みんなでジンジャー・ブレッド・ハウスを作ります。父兄のみなさんのお手伝いが必要で、「セメント」を作るのに少なくとも4人の方にお願いしたいと思います。ごく簡単に作れるレシピがあります。
　ハウスを作るお菓子を提供してくださるご家庭も募集しています。例えばこんなものがいいでしょう。

　　　　ココナッツの粉
　　　　プリッツェル・スティック（丸太小屋風にします）
　　　　小さい杖型キャンディー
　　　　小さめのマシュマロ
　　　　赤・黄・青・緑色のアイシング・チューブ
　　　　レッド・ホッツやコンフェッティなどのキャンディー

　皆さんからのお子さんへのご支援と励ましに感謝いたします。
　楽しい休暇をお過ごしください。

　　　ナンシー・クラーク

【演習】
    1）何人の両親に手助けを求めていますか
       a. 1人以上
       b. 2人以上
       c. 3人以上
       d. 4人以上

    2）ジンジャー・ブレッド・ハウスを作るための材料として、手紙に書かれていないものは何ですか
       a. 杖型のキャンディー
       b. マシュマロ
       c. 氷
       d. プリッツェル

    3）1年生の集合時間は何時ですか
       a. 7時15分
       b. 6時45分
       c. 7時ちょうど
       d. 12時10分

【正解】
    1）d
    2）c（icingとiceは違います）
    3）b（K-2とは、幼稚園（Kindergarten）から2年生までという意味です）

付　録
アメリカの小学校で教えてみて
（チャータースクールの日本語教師として）

　アメリカには公立、私立の学校のほかにチャータースクールがあります。チャータースクールとは、簡単に言えば公立学校の予算で私立学校のように独自のカリキュラムを組んで学校経営を行っている組織のことです。
　私が働いていたのは、ルドルフ・シュタイナーという人の教育哲学に則った教育方針をもつ学校で、幼稚園から8年生（日本の中学2年生…アメリカの多くの学校では小学校5年生までが小学生、その後中学が4年間、高校が3年間で大学に進みます）までが在学していました。学校の名前はMonterey Bay Charter School（以下、MBCS）といいます。日本語は小学校に上るとすぐに履修するようになっていて、その後8年生まで必修科目となっています。カリフォルニアはヒスパニック系の人口が多く、スペイン語を使えるととても便利なこともあり、学校で習う外国語は圧倒的にスペイン語が多いのですが、さらに、外国語を選択科目としてカリキュラムに盛り込んでいるのは中学校以上で、小学校から外国語を、しかも日本語を学んでいるMBCSの子供たちは珍しい存在であったかもしれません。学校がある（私たちの住んでいた）町には大きな日本人・日系人コミュニティがなく（数少ない日本食レストランでも、ウエイターなどは韓国人やメキシコ人で日本語が通じないところが多いし…）、せっかく日本語を学んでも学校の外で使うチャンスの少ない生徒たちに、さて何を教えようかと考えました。
　というのも、学校では今まで、きちんとしたカリキュラムのもとで日本語の授業の運営を行ってこなかったため（ときどき日本に住んだことのあるアメリカ人の父兄がボランティアで教えていた）、私が日本語の教師をはじめた時には、何をどう教えたらいいかはっきりした指針がありませんでした。学校側に日本語の授業をもつことの目的をたずねても"日本の文化のもつLOVE"を生徒に伝えて欲しい、と言われただけでした。

MBCS で日本語を教えはじめたころ、私は大学院で外国語教育の修士課程に在籍していて、その傍らアメリカ国防省の語学研究所でも日本語を教えていました。大学院でも政府の語学学校でも、まずはじめに "Objectives" といって、具体的な学習目標を立てることが常識となっていた私にとって、「愛」を伝える日本語の授業って…と、戸惑ったのを覚えています。後になって、この「愛」を伝える授業こそが、私が望んでいたものであったと実感するのですが。それでは、この「愛」の授業がどのようなものであったか、いくつかの例をお話しながら見ていきましょう。

チャータースクールの１日

　シュタイナー学校の方針を貫く MBCS の生徒の１日は、クラス担任との朝の握手からはじまります。8 時 45 分になると、各担任の先生が教室の入り口で生徒を迎えいれます。

　生徒は自分のバックパックを教室の外のフックに掛けると、１人ずつ並んで先生と握手をし、おはようございます、の挨拶をして教室内に入ります。先生はこのとき、１人１人の目をしっかり見て、力強い握手で迎えいれるのです。全員が自分の席に着くと、前に立った先生の合図で低学年は歌を歌い、高学年は朝の詩を唱えます。そして、その日の "Main Lesson" に入ります。"Main Lesson" とは、朝の２時間、集中して行われる単元で、3〜4 週間同じテーマを学んでいくものです。たとえば、ある年の６年生の 12 月某日、南アメリカ文明を学ぶ単元では、マヤ文明をはじめいろいろな出来事などに光を当ててその文明に関係のあるストーリーから入り、地図を描き、そこに文明をもたらした人々について１ヵ月余り勉強します（82 ページ、社会「マヤ文明」をご覧ください）。その間、数学や理科や国語（英語）の授業はありません。ひたすら、南アメリカについて学んでいくのです。担任の先生は１年生からの持ち上がりなので（理想は８年生まで１人の先生が受け持つ）、先生も、自分の生徒たちに教える内容については勉強しないといけないことが多いのが、この学校の特徴です。ちなみに公立の先生ですと、１年生の担任は毎年１年生を受け持ちま

すから、毎年同じことを繰り返し教えられるし、教材も"リサイクル"可能です。それに比べてMBCSの先生たちは生徒と一緒に学年を上っていく訳ですから、毎年、毎月、毎日新しい教材を用意しなければなりません。しかも、市販の教科書を使うことはせず、すべて自分で考えた（もしくはワークショップなどで情報交換して得たものを元に）授業を組み立てていきますので、その準備となると、1日10時間は（もしかしたら夢の中でも）割いているでしょう。

　そんな"Main Lesson"が終わると、はじめの休み時間。30分の間にスナックを食べ、外遊びをします。そして11：15 a.m.になると、"Specialty Classes"がはじまります。このクラスには、日本語（何年か前までスペイン語も）、編み物、ゲーム（体育のような位置づけ）、木工作業、音楽、絵画があり、日本語と編み物は各学年、週に2時間、そのほかの授業は1時間の割り当てがあります。11：15 a.m.から12：45 p.m.まで2コマの"Specialty Classes"をしたあと、45分間の昼休みです。その後、1：30 p.m.から3時までもう2コマの"Specialty Classes"を受け、3時から15分間掃除をして（アメリカの学校では珍しい習慣）帰りの挨拶で1日が終わります。

　生徒たちは朝したように、担任の先生と教室の出口で握手をしてからそれぞれの帰途につきます。ほとんどの生徒が学校の前で待ち受けている親の運転する車で帰ります。

チャータースクールの1年

　2ヵ月余りの夏休みが終わると、8月の後半に新しい学年がはじまります。日本でも最近は地域によって8月の半ばから後半に新学期がはじまるところがあるようですが、アメリカの学校は州や学区によって1年のはじまりの日がばらばらです。でも、大抵のところでは8月中に夏休みが終わります。

　新しい1年のはじまりの日には、日本でいう始業式のようなものがあります。私のいたチャータースクールは近所の教会の礼拝堂を借りて、1年生から8年生までが一堂に会し、新任の先生や転校生の紹介、そして新しい1年生の紹介などが行われます。もちろん（？）全員で歌も歌います。アメリカの学校は一

般に学校独自の校歌がありません。ですからだれでも知っている歌を合唱することが多いようです。

　さて、始業式が終わると、それぞれクラスに戻り、授業がはじめられます。そして通常通り3時まで学校ですごします。

　学校がはじまると、まだ8月なのにもかかわらず秋が来たような雰囲気です。それはみんなが学校は「秋」にはじまるもの、という意識が強いからだと思います。新学年がはじまるとまもなく街中、秋のお祭りの準備に入るということもあるでしょう。というのも、10月の末にハロウィーン、11月には感謝祭、そして12月のクリスマスと夏休みがあけるやいなや、大きなお祭りが目白押し。このようなアメリカ一般のお祭りのほか、MBCS独自のものとして、光のお祭り（Spiral of Light）や　5月の祭典（May Fair）などがありました。そのほかにも、秋から冬にかけて各学年が趣向を凝らしたお芝居を発表しあいます。こういった催し物は1年かけて毎年同じようなテーマでなされるわけですが、この繰り返しが、子供にとって（大人にとっても）四季の移ろいを味わういい機会となっています。幸い、MBCSは太平洋に面した街にあり、海の青、空の青は豊富にあるし、学校の校庭や周りは鹿やリスや鳥たちが住まう森に繋がっていて、自然の季節を味わうのにわざわざ人為的な「お祭り」は必要としませんが、このようなお祭りで1年のリズムを味わうのは心がうきうきしますね。

　そんな季節感を大切にしたいので、私の日本語の授業も主に日本の四季を意識してカリキュラムを組んでいきました。たとえば、新学年がはじまる8月の終わりから9月にかけては、お月見を基本テーマにお話や歌やお芝居をしました。秋真っ只中の10、11月にはその時期に採れる野菜、果物からはじまりカリフォルニアで手に入る日本の野菜、果物などを使うと子供たちは大喜び。かぼちゃや柿、栗などをふたのついたバスケットに入れて中身を見ないで手で触っただけでものを当てるゲームなどから授業をはじめます（低学年のクラスでは、バスケットに手を入れてみせて、「あ、今、先生の手をかんだ！」などと言うと、子供たちはびっくりするやら怖がるやら、「うそ——！」と大騒ぎ）。

またそれに関連する指遊びや歌、お店屋さんごっこなどをします。そしてクリスマスシーズンを迎えるころにはプレゼントのあげもらいの練習から風呂敷の包み方（私は教材を全部風呂敷に包んで持ち歩いていました）、日本の家について、畳の上の座り方、そして日本の家庭に招待された時のマナー、箸の使い方の練習、箸で豆をつかむゲームなどなど…1つのテーマからあちらこちら膨らませたクラス活動を行いました。年があけると、毎年「来年は何どし？」という干支のはじまりについての紙芝居を読んで、そのあと、墨で半紙にその年の干支を漢字で書いたりしました。昨年は、MBCSで教えるのは最後になるのが年内にわかっていたので、1月の活動の中心に何か手元に残る思い出の品を作ろうと思い、「だるま作り」を入れました。だるま人形の由来、七転び八起きについて学び、5回の授業で1人1つずつ "Daruma Doll" を作りました。

　2月に入ると節分の豆まき、3月はひな祭り、4月は日本の学校のことについて、そして5月はこどもの日…と回ってきたところで6月にはもう、1年間のまとめです。「夏」の季節に関連した七夕や盆（とくに私の大好きな盆踊り）など、夏の間にやってくる日本独特の楽しいお祭りは、残念ながら毎年時間切れ。でもこうして私が日本に移ってきたので、MBCSの生徒たちが夏休みを利用して遊びにきてくれたらいいな、と思っています。

チャータースクールの教科書と日本語教育

　MBCSでは生徒に配る教科書はありません。先生が「もっている」ものをすべて生徒に伝えていくのが教育である、という理念の元に学校があるためです。教科書を媒体に授業をするのでは先生の役割はただ、だれか他の人が作った教科書を生徒に伝えるだけになってしまうので、「その」先生が教える意味あいが薄まると考えられています。学年ごとに履修すべき内容は大まかに決まっています。たとえば、1年生ではアルファベット、100までの数、3年生では動物について。6年生では空の星について、など。しかし、その履修項目をどう教えるかは担任の先生に託されているわけです。

　日本語の授業はこれに輪をかけて、「どう教えるか」だけでなく、「何を教え

るか」もすべて私の自由でした。前述したように、この学校には外国語のカリキュラムが整っていなかったことがその大きな理由ですが、私という日本人がMBCSの子供たちに何を伝えられるかが、大事だったこともあります。

　さて、では何をどう教えよう。そう思ったとき、子供のころに触れた外国語（英語）経験に思い至りました。小学校の5、6年生でローマ字を習った私は、母音と子音の組み合わせからなる日本語の音の面白さ、そしてたとえばtとaでta（た）、kとuでku（く）という表記と発音ができる整然としたローマ字のあいうえお表の虜になりました。ところが中学に入って英語を習ってみると、ローマ字と同じアルファベットを使いながら、なぜかtableは「タブレ」ではなく「ティボー」と発音しなくてはいけない。今までのルールはどこ？という戸惑いと英語に対する不快感いっぱいの中学英語のスタートでした。

　そんな中、英語のお話を演じていく、また英語の歌や踊りを通して言葉を覚えていくといった英語学習法を取り入れている英語教室に入り、体を動かして「体験」する外国語の面白さを知りました。また、目で見る文法の決まりごとを知るより、耳で繰り返し英語を聞くほうが、私には楽しいということも知りました。

　そんな児童体験を思い出し、MBCSでの日本語の授業は、文字を介さず、音だけでスタートさせることにしました。外国語習得の効果的方法にはいろいろな説があり、また、学習する人、その人のいる環境などによっても異なってくるものなので1つコレと選べるようなものではありませんが、「私」がいいと思った「コレ」は上記のようにまず音ありき、そして体を使う…でいくことでした。

　モントレー国際大学院の言語学のvan Lier博士は"ecological language learning"ということを説かれていますが、その概念には外国語習得は有機的なものであって、習得する環境（立地的なもの、先生と学習者の関係、学習者の性格などなど）によってよりよい方法は千差万別であるということです。以前の第2言語習得学のメインストリームはどのようにインプットし、どのようにアウトプットするのが効果的か、という言ってみれば学習する者をある

1つの枠に入れ、こうすればできるようになる（はず）という概念で理論づけがされていました。ところがここ10年、ソ連のヴィゴツキーの思想をくむ言語学者たちが "Socio-cultural language learning" という概念で語学学習を捉えてきていて、そこには先ほど紹介した、学ぶところ、学ぶ人、教える人などの条件によって学習方法も変わってくるという考え方が出てきたのです。私がMBCSでやろうとしたのもまさにそれで、私が好きで楽しいと思う外国語としての日本語を教えようと思ったのです。

授業の組み立ては大まかに3つにコマを区切り（この3つに授業時間を分けるというテクニックは同僚に教わりました）、最初の時間帯は「リズム」（心と体をほぐす）、真ん中の時間帯は「考える」（頭を使う）、そして最後は「体験する」（体を使う）ことにしました。

リズム帯の間は季節に応じた歌をいくつか歌います。はじめはどの歌も新しく「学ぶ」ことになるわけですが、私が1フレーズずつ歌い（学校の方針で教室内でテープレコーダーなどは一切使わないので、歌は全部教師自身が歌います）、生徒がそれを繰り返す方法を何レッスンか繰り返し、そのうち一緒に歌えるようになり、そして、最後には生徒たちだけで歌えるようになります。1つか2つ、暗記して歌えるようになったところで、また新しい歌を紹介し、このようにしていくと、1シーズン、また何年かかけると相当の数の歌を歌えるようになるのです。童謡などは歌のメロディ、リズムが自然に言葉についてくるので、外国語の音を学ぶのにはとてもよいと思います。中学生になると、「もみじ」などを二部合唱し、学校の発表会の場や招かれた日本人の家庭で披露し、おおいにうけて、それに気をよくした子供たちはもっと日本の歌を歌いたくなります。

リズムの時間には歌のほかにも毎回決まった練習をしました。中、高学年では落語の「寿限無」の話をしたあと、実際に「寿限無、寿限無、ごこうのすりきれ…」と練習し、誰が間違わずに一番早く言えるか、時間を計って競い合うクラスもでてきたり、それによって、クラス全体のエネルギーがあがって、その後のレッスンにも活気が出たり、リズムの時間帯は授業全体のムードメー

カーの役目もしました。

　リズム帯の次は、少し調子を改めて、その日の「メインレッスン」。新しい言葉やフレーズなどを学ぶ「考える」時間帯です。低学年では、この「考える」時間帯は非常に短くし、しかも歌や遊びの中で行われるようにしました。たとえば1年生では、色の名前を覚えていくレッスンに6色のリボンを使いました。赤、青、黄色、紫、緑、オレンジといった母国語でもまずはじめに意識して覚えていく色をいつも同じ順番で見せ、色の名前を発音し、そのあと、歌にして一緒に歌いました。赤からオレンジまでを「キラキラ星」のメロディに乗せると2回繰り返しができ、そのあとリボンを振る仕草とそれにともなった歌詞をつければ日本語で6色の色が言えるようになります。この時、歌のメロディに乗せられた色はある意味では無意識に発音されます。

　レッスン最後の時間帯「体験する」活動として、リボンを使ったゲームをやりました。ここで、無意識に発音していた6色の名前を意識的な認識に変えるのです。6人の生徒に前に来てもらい、横一列に並んでもらいます。左側から赤、オレンジと、リボンを1人1本持ってもらい、先ほどの「キラキラ星、6色版」をクラスで歌います。そのあと、前でリボンを持っている6人は他のクラスの子供たちに見えないように小さな輪を作りその中でリボンを交換し、交換したリボンを両手でしっかり隠し持ちます。準備ができたら、また元いた位置に立ち、座席で待っている子供たちが、だれが何色を持っているか当てる、といったものです（これはシュタイナー学校の外国語の先生のためのワークショップで教わったものをアレンジしました）。他にも色を使ったフルーツバスケット（アメリカにも "musical chairs" という似たゲームがあります）や色別の大きな袋に入っているものを当てるゲームなどをしました。

　このような活動を通して、歌の中で無意識に口にしていた色の名前を、赤を見たら "aka" と発音することを学び、意識的なレベルの学習になっていきます。この無意識、意識のレベルを行き来することで学習者の負担を減らした外国語学習を実践できないか、と思っています。

　市販の教科書を使わないという環境で教材を用意してきたため、私自身が

もっているものは何か、それをどのように伝えたら生徒たちが自分のものにできるか、常に五感プラスアルファを働かせていました。教科書を使わないということは、いついつまでにこの単元を終えなければ…という制約もないので、生徒と一緒に授業を展開できる楽しみもありました。ある年の新2年生は、クラス全体の集中力の持続時間が非常に短いグループで、8月の終わりに、さてどうやって授業を組み立てていこうと思案気味に新学年を開始しました。はじめの2ヵ月あまりを桃太郎のお話を紙人形を使ってできるように練習し、桃太郎の冒頭部分で出てきたように（80歳の日本人の友人から借りた昔の紙芝居を見せながら）日本は山や川がたくさんあることなどを話しました。桃太郎が一段落すると、手書きの日本の地図を用意し、それを生徒に配り、周りの海を青色に日本の国土を緑にぬって、富士山や東京がどこにあるか話し、空いたスペースに日の丸を描いたりぬったりしました。そんなアクティビティをしたあと、「今年はみんなで日本へ行ってみようか！？」…「空想の中でね」と問いかけました。一同、え！！？という顔をした後、「行きた——い！！」ということになり、日本行きには何が必要か、日本に着いたら、どこに泊まるか、何をしたいか、どこに行きたいか……などなど小学2年生の考え得る、興味のある範囲で計画が進んでいきました。旅行の準備の段階では、スーツケースに詰めるもののアイテムの名前を学び、滞在先についての学習では、家族の名前を覚えました。このとき、桃太郎ですでに出てきて無意識に発音していた「おじいさん」「おばあさん」をお話の中から一般の言葉として取り出すことで意識化し、家族の一員をさす言葉として学習しました。日本で行きたいところは「おもちゃやさん」「おかしやさん」「えいがかん」「スポーツクラブ」「レストラン」「山へ遠足」など…。おもちゃやさんの回は息子のおもちゃ箱から剣玉やら、お手玉、太鼓、折り紙など10アイテムほどを借りてクラスで実際に子供たちに触ってもらいました。そのあと、ゲームなどを通して言葉を覚えていく…というのは前述した通りです。映画館のテーマの日は映画のチケットを作っていき、それを配ったあと、「どろぼう学校」（加古さとし作）を読みました。桃太郎の話は紙芝居と手作りの紙人形の活躍で、はじめから最後まで日本語だけで理解で

きたようですが、聞いている生徒たちはかなり疲れたようで（普段の何倍も集中しなければならなかったので）、「今度のお話は英語で聞きたい！」というリクエストが多く出ました。そこで、即席の英訳で（繰り返し出てくる「ぬきあし、差し足、忍び足」という言葉だけジェスチャー付きで日本語で）お話をすることにしました。私自身、落語が好きなので何かお話を選ぶとき、最後に落ちのあるものを選んでしまいます。そして毎回、生徒と一緒に大笑いしてしまうのです。

「日本滞在中」どこで何をするか、自分たちの意見をいれた授業を2年生のクラスはとても楽しみにしていて、毎回授業が終わると、次回は何をするのか目を輝かせて聞いてきました。そのお陰かどうか、彼らの集中力は前年と比べ少しは長くなったようです。

教科書のない授業の準備は "bits and pieces" から組み立てなければならない大変さはありましたが、生徒の反応を見ながら方向性を探し出していく面白さがありました。前述した van Lier 博士の "ecological language learning" でも提唱されていることですが、学校の先生の仕事は植物の種を植えるようなもので、その先の収穫にはなかなか立ち会えません。それでも私が伝えた日本の文化や言葉を、将来この生徒たちが何らかの形で生かしていってくれたらいいと思っています。

著者紹介

小坂貴志（こさか・たかし）

神田外語大学外国語学部国際コミュニケーション学科教授。青山学院大学文学部英米文学科卒業後、日本アイ・ビー・エム株式会社にて SE として勤務。デンバー大学大学院人間コミュニケーション学修士号取得、同博士課程単位取得修了満期退学。カリフォルニア州モントレー国際大学大学院翻訳通訳研究科、立教大学経営学部を経て、現在に至る。

小坂洋子（こさか・ようこ）

国本小学校英語教師。青山学院大学文学部仏文学科卒業後、三井銀行にて勤務。日本書道専門学校卒業。カリフォルニア州モントレー国際大学大学院教育言語学 TFL 修士号取得。米国防省言語研究所非常勤講師、カリフォルニア州シュタイナー学校日本語教師を経て、日本に帰国後は、練馬区立練馬小学校で英語指導に携わる。

　CD の内容　◎ 時間…78 分 11 秒
　　　　　　◎ ナレーション…Lindsay Nelson, Jack Merluzzi, 小坂貴志
　　　　　　◎ 収録内容…〈英語〉🔊 マークのある箇所
　　　　　　　　　　　　〈日本語〉なし

CD BOOK アメリカの小学校教科書で英語を学ぶ

2005 年 7 月 25 日	初版発行
2019 年 7 月 26 日	第 18 刷発行
著者	小坂　貴志／小坂　洋子
カバーデザイン	竹内　雄二
DTP	WAVE 清水　康広

©Takashi Kosaka, Yoko Kosaka 2005. Printed in Japan

発行者	内田　真介
発行・発売	ベレ出版
	〒162-0832　東京都新宿区岩戸町12　レベッカビル TEL.03-5225-4790　FAX.03-5225-4795 ホームページ　http://www.beret.co.jp/
印刷	モリモト印刷株式会社
製本	根本製本株式会社

落丁本・乱丁本は小社編集部あてにお送りください。送料小社負担にてお取り替えします。

ISBN 4-86064-095-0 C2082　　　　　　　編集担当　新谷友佳子